车迷不可不知的100个汽车知识

赵鹏媛　郭建英　编

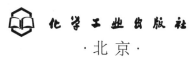

·北京·

内 容 简 介

本书内容共分九章，分别介绍了汽车关键系统和零部件中令车迷们比较感兴趣而又相对难懂的内容。全书以图文并茂的形式进行介绍，内容涵盖汽车发动机知识、汽车变速器知识、汽车传动行驶系统知识、汽车转向系统知识、汽车制动系统知识、汽车电子电器知识、汽车辅助系统知识、汽车底盘悬架知识，以及新能源汽车相关知识等。

本书内容深入浅出、通俗易懂、系统实用，适合广大车迷和汽车爱好者以及对汽车知识感兴趣的读者阅读和参考。

图书在版编目（CIP）数据

车迷不可不知的100个汽车知识／赵鹏媛，郭建英编．
—北京：化学工业出版社，2021.3（2024.6重印）
ISBN 978-7-122-38356-3

Ⅰ.①车…　Ⅱ.①赵…②郭…　Ⅲ.①汽车 - 普及读物
Ⅳ.①U46-49

中国版本图书馆CIP数据核字（2021）第017588号

责任编辑：黄　滢　　　　　　　　　　文字编辑：冯国庆
责任校对：宋　玮　　　　　　　　　　装帧设计：李子姮

出版发行：化学工业出版社（北京市东城区青年湖南街13号　邮政编码100011）
印　　装：大厂聚鑫印刷有限责任公司
710mm×1000mm　1/16　印张12　字数186千字　2024年6月北京第1版第5次印刷

购书咨询：010-64518888　　　　　　　　售后服务：010-64518899
网　　址：http://www.cip.com.cn
凡购买本书，如有缺损质量问题，本社销售中心负责调换。

定　　价：59.80元　　　　　　　　　　　　　　　　　版权所有　违者必究

前言 —— PREFACE

汽车，不仅仅是人们的代步工具，它也代表一种文化。

随着我国百姓收入的持续提高，国内汽车保有量也与日俱增，与此同时对汽车感兴趣的"车迷"也越来越多。车迷们对汽车知识的需求相较一般人来讲更加强烈一些，他们迫切需要大量的关于汽车构造、原理、设计思想、风格形态、历史文化等方方面面的知识来丰富自身的生活。当然，他们可能对于汽车的基本知识已经比较熟悉，所以希望能够获取内容更深一些或者说是更加专业一点的汽车知识。鉴于此，在化学工业出版社的组织下，我们编写了本书。

本书内容共分九章，包括发动机知识、变速器知识、传动行驶系统知识、转向系统知识、制动系统知识、电子电器知识、辅助系统知识、底盘悬架知识，以及新能源汽车相关知识等，这些都是汽车上的关键零部件或系统总成。每章内容又包含若干个问题和答案，基本涵盖了车迷和汽车爱好者们普遍关心的实际问题。

本书在编写过程中，以通俗易懂的文字进行介绍，并采用"问答与图解"相结合的编写模式，目的是使读者的阅读过程更轻松、更加一目了然，并力求将书中内容与实际生活紧密结合，读者在遇到问题后能够在书中快速查找到自己关心的问题和答案。同时让每一个知识点都能够学为所用，真正地为车迷服务。

本书适合大众车迷和汽车爱好者以及对汽车知识感兴趣的读者阅读和参考。

本书由赵鹏媛、郭建英编写而成。由于编者水平所限，书中难免有疏漏和不妥之处，敬请读者批评指正。

编　者

目录 — CONTENTS

第一章 发动机知识　　001

1. 什么是高压共轨?　　001
2. 缸内直喷"牛"在何处?　　003
3. V型发动机与直列发动机有什么不同?　　006
4. W型发动机好在哪里?　　008
5. 涡轮增压是如何实现的?　　009
6. 柴油发动机和汽油发动机有什么区别?　　011
7. 什么是空燃比?　　013
8. 关于汽车排量你知道多少?　　015
9. 废气再循环系统是如何进行工作的?　　018
10. 什么是凸轮轴顶置式发动机?　　019
11. 自然吸气式发动机与涡轮增压式发动机有何区别?　　021
12. 发动机如何吸气和排气?　　024
13. 什么是发动机自检?　　029
14. 发动机前置、中置、后置各有什么优缺点?　　029

第二章 变速器知识　　033

1. 汽车为什么需要变速器?　　033
2. 汽车为什么要装差速器?　　034
3. 什么是无级变速器?　　036

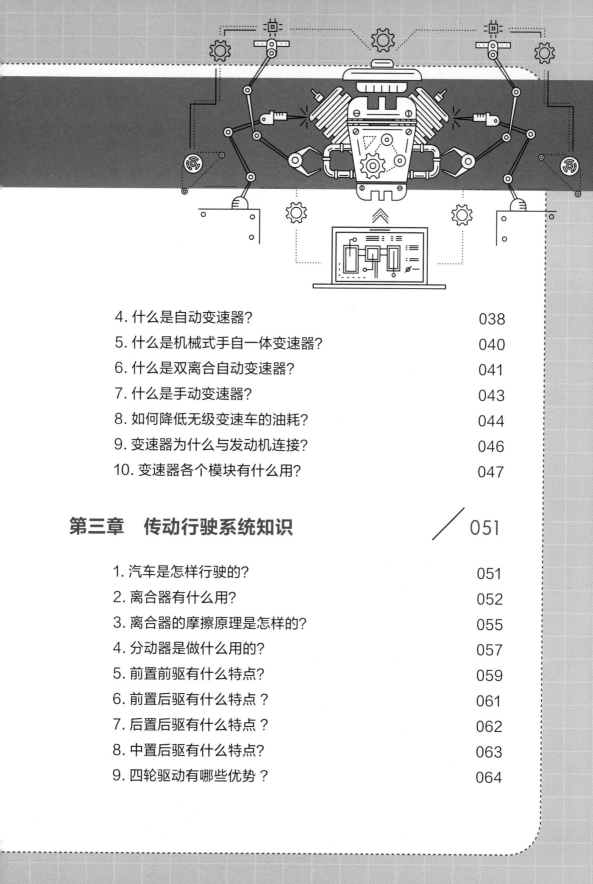

4. 什么是自动变速器？	038
5. 什么是机械式手自一体变速器？	040
6. 什么是双离合自动变速器？	041
7. 什么是手动变速器？	043
8. 如何降低无级变速车的油耗？	044
9. 变速器为什么与发动机连接？	046
10. 变速器各个模块有什么用？	047

第三章　传动行驶系统知识　　051

1. 汽车是怎样行驶的？	051
2. 离合器有什么用？	052
3. 离合器的摩擦原理是怎样的？	055
4. 分动器是做什么用的？	057
5. 前置前驱有什么特点？	059
6. 前置后驱有什么特点？	061
7. 后置后驱有什么特点？	062
8. 中置后驱有什么特点？	063
9. 四轮驱动有哪些优势？	064

目录 — CONTENTS

10. 什么是分时四驱？　　　　　　　　　065
11. 什么是适时四驱？　　　　　　　　　066
12. 全时四驱有什么优势？　　　　　　　067
13. 限滑差速器起什么作用？　　　　　　068
14. 传动轴有什么用？　　　　　　　　　069
15. 变速驱动桥的原理是怎样的？　　　　071
16. 怎么看轮胎的数据？　　　　　　　　071
17. 怎么看单导向轮胎？　　　　　　　　075
18. 什么是防爆胎？　　　　　　　　　　077

第四章　转向系统知识　　　　　　　078

1. 什么是转向助力？　　　　　　　　　078
2. 什么是电动助力？　　　　　　　　　079
3. 什么是液压助力？　　　　　　　　　080
4. 吸能转向管柱在车辆碰撞事故中起什么作用？　081
5. 转向助力泵有哪些类型？　　　　　　083
6. 电动转向助力系统有什么优点？　　　085
7. 主动转向系统有什么用？　　　　　　086
8. 什么是四轮定位？　　　　　　　　　087
9. 汽车为什么会跑偏？　　　　　　　　089
10. 什么是前束？　　　　　　　　　　　092
11. 如何区分高低压油管？　　　　　　　094

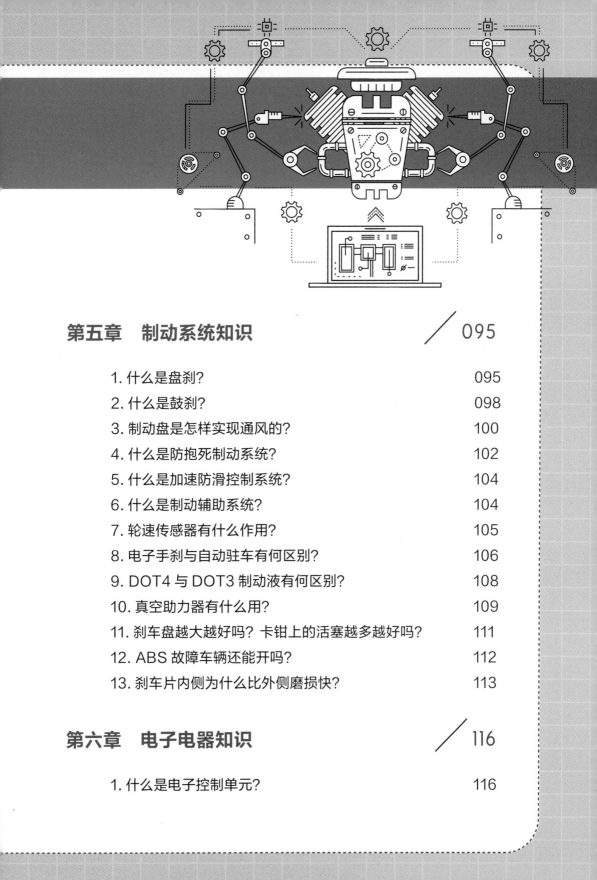

第五章　制动系统知识　　　　　　　　　　095

    1. 什么是盘刹？　　　　　　　　　　　　095

    2. 什么是鼓刹？　　　　　　　　　　　　098

    3. 制动盘是怎样实现通风的？　　　　　　100

    4. 什么是防抱死制动系统？　　　　　　　102

    5. 什么是加速防滑控制系统？　　　　　　104

    6. 什么是制动辅助系统？　　　　　　　　104

    7. 轮速传感器有什么作用？　　　　　　　105

    8. 电子手刹与自动驻车有何区别？　　　　106

    9. DOT4 与 DOT3 制动液有何区别？　　　108

    10. 真空助力器有什么用？　　　　　　　 109

    11. 刹车盘越大越好吗？卡钳上的活塞越多越好吗？　　111

    12. ABS 故障车辆还能开吗？　　　　　　112

    13. 刹车片内侧为什么比外侧磨损快？　　113

第六章　电子电器知识　　　　　　　　　　116

    1. 什么是电子控制单元？　　　　　　　　116

目录 — CONTENTS

2. 什么是传感器? 117
3. 什么是执行器? 118
4. 熔丝的种类有哪些? 119
5. 继电器有什么用? 120
6. 仪表报警灯有哪些? 121
7. 车辆"CarPlay"有什么用? 122
8. 什么是主动安全防护? 123
9. 什么是被动安全防护? 124
10. 什么是随车转向大灯? 125
11. 什么是记忆功能座椅? 126
12. 手动空调和自动空调有什么区别? 127
13. 什么是车载网络? 128
14. 防盗系统如何实现防盗? 132
15. 什么是自动驾驶? 133
16. 什么是自动泊车? 134

第七章 辅助系统知识 136

1. 什么是前碰撞预警告系统? 136
2. 什么是错误行驶警告系统? 137
3. 什么是优先行驶警告系统? 139
4. 什么是车道偏离警告系统? 140
5. 什么是车道变更警告系统? 141

6. 什么是侧面碰撞警告系统? 142
7. 什么是交叉路口警告系统? 143
8. 什么是交通标志识别? 145
9. 什么是前方道路预测辅助系统? 146
10. 什么是注意力辅助系统? 147
11. 什么是夜视系统? 148
12. 什么是驻车距离监控系统? 149
13. 什么是交叉行驶警告系统? 151
14. 什么是驻车操作辅助系统? 152
15. 什么是定速巡航控制系统? 154
16. 什么是转向和车道辅助系统? 155
17. 什么是车道保持辅助系统? 156
18. 什么是车道变更辅助系统? 157
19. 什么是避让绕行辅助系统? 159

第八章　底盘悬架知识　　162

1. 什么是独立悬架? 162
2. 什么是非独立悬架? 164

目录 — CONTENTS

  3. 稳定杆什么样?   165
  4. 减振器的功效及原理是怎样的?   166
  5. 什么是可调式悬架?   167
  6. 什么是多连杆悬架?   168
  7. ESP 有什么用?   169

第九章　新能源汽车知识   171

  1. 什么是混合动力汽车?   171
  2. 什么是氢动力汽车?   173
  3. 什么是纯电动汽车?   174
  4. 高压电池怎么散热?   174
  5. 什么是能量回收?   176
  6. 快充和慢充有什么区别?   178
  7. 续航里程为什么越来越短?   179
  8. 混合动力汽车怎么充电?   181
  9. 新能源汽车电池辐射大吗?   181
  10. 直流电怎么变成交流电?   182

第一章 发动机知识

什么是高压共轨？

高压共轨技术是指在高压油泵、压力传感器和ECU（电子控制单元）组成的闭环系统中，将喷射压力的产生和喷射过程彼此完全分开的一种供油方式。由高压油泵把高压燃油输送到公共供油管，通过对公共供油管内的油压实现精确控制，使高压油管压力大小与发动机的转速无关，可以大幅度减小柴油机供油压力随发动机转速的变化，因此也就减少了传统柴油机的缺陷。ECU控制喷油器的喷油量，喷油量大小取决于燃油轨（公共供油管）压力和电磁阀开启时间的长短（图1-1）。

共轨腔内的高压直接用于喷射，可以省去喷油器内的增压机构；而且共轨腔内是持续高压，高压油泵所需的驱动力矩比传统油泵小得多。

通过高压油泵上的压力调节电磁阀，可以根据发动机负荷状况以及经济性和排放性的要求对共轨腔内的油压进行灵活调节，尤其优化了发动机的低速性能。

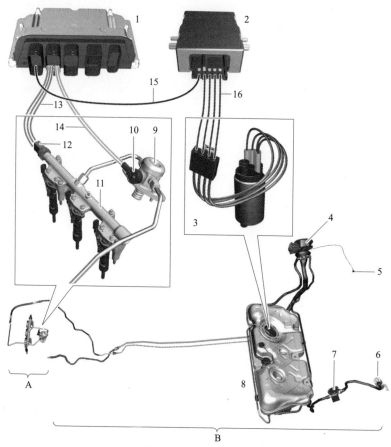

图 1-1 共轨系统的组成

A—燃油混合气制备装置；B—燃油供给系统；1—数字式发动机电子系统（DME）；2—燃油泵控制系统；3—燃油泵；4—燃油箱加注口；5—应急开锁装置；6—滤尘器（仅限美国和韩国）；7—燃油箱泄漏诊断系统（仅限美国和韩国）；8—燃油箱；9—高压泵；10—燃油量控制阀；11—共轨（高压蓄压器）；12—高压传感器；13—共轨压力传感器的导线；14—燃油量控制阀的控制导线；15—PWM 数据导线；16—电动燃油泵控制导线（U、V、W 三相导线）

通过喷油器上的电磁阀控制喷射定时、喷射油量以及喷射速率，还可以灵活调节不同工况下预喷射和后喷射的喷射油量以及与主喷射的间隔。

供油泵从油箱将燃油泵入高压油泵的进油口，由发动机驱动的高压油泵将燃油增压后送入共轨腔内，再由电磁阀控制各缸喷油器在相应时刻喷油。

预喷射在主喷射之前，将小部分燃油喷入气缸，在缸内发生预混合或者部分燃烧，缩短主喷射的着火延迟期。这样缸内压力升高率和峰值压力都会下降，发动机工作比较缓和，同时缸内温度降低使得 NO_x 排放减少。预喷射还可以降低失火的可能性，改善高压共轨系统的冷启动性能。

主喷射初期降低喷射速率，也可以减少着火延迟期内喷入气缸内的油量。提高主喷射中期的喷射速率，可以缩短喷射时间从而缩短缓燃期，使燃烧在发动机更有效的曲轴转角范围内完成，提高输出功率，减少燃油消耗，降低碳烟排放。主喷射末期快速断油可以减少不完全燃烧的燃油排放，降低烟度和烃类化合物的排放。

燃油混合气制备装置概览如图1-2所示。

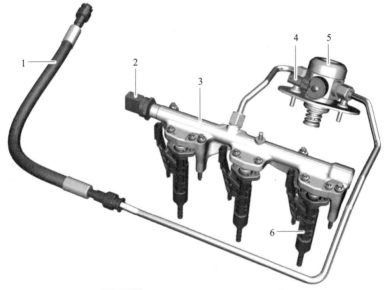

图1-2　燃油混合气制备装置概览

1—燃油供给管路；2—共轨压力传感器；3—燃油量控制阀；4—高压泵；
5—直接共轨；6—电磁阀喷射器

 缸内直喷"牛"在何处？

缸内直喷（GDI），就是直接将燃油喷入气缸内与进气混合的技术（图1-3）。

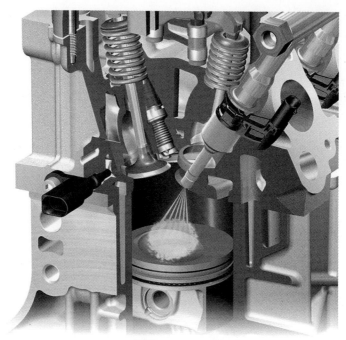

图 1-3　缸内直喷

缸内直喷式汽油发动机与一般汽油发动机的主要区别在于汽油喷射的位置，普通电喷汽油发动机上所用的汽油电控喷射系统，是将汽油喷入进气歧管或进气管道上，与空气混合成混合气后再通过进气门进入气缸燃烧室内被点燃做功；而缸内直喷式汽油发动机顾名思义是在气缸内喷注汽油，它将喷油嘴安装在燃烧室内，将汽油直接喷注在气缸燃烧室内，空气则通过进气门进入燃烧室与汽油混合成混合气被点燃做功。

缸内直喷式汽油发动机的优点是油耗量低，升功率大；空燃比达到 40 ∶ 1（一般汽油发动机的空燃比是 15 ∶ 1），也就是人们所说的"稀燃"；压缩比高达 12，与同排量的一般发动机相比功率与扭矩都提高了 10%。

发动机内的活塞顶部一半是球形，另一半是壁面，空气从气门冲进来后在活塞的压缩下形成一股涡流运动，当压缩行程将结束时，在燃烧室顶部的喷油嘴开始喷油，汽油与空气在涡流运动的作用下形成混合气，这种急速旋转的混合气是分层次的，越接近火花塞越浓，易于点火做功。

近年来各厂采用的发动机技术中，最炙手可热的技术非缸内直喷莫属。这套由柴油发动机衍生而来的技术目前已经大量使用在包含大众、宝马、奔驰、通用、丰田、本田、吉利、起亚等车系上（图1-4）。

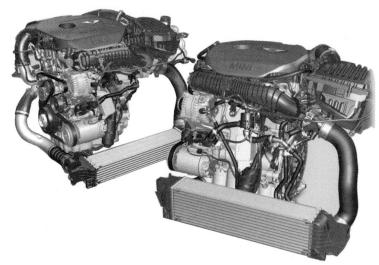

图1-4 宝马缸内直喷发动机 B38/B48

缸内直喷技术在德国 VAG 集团中被广泛运用，由奥迪 RS4 和 R8 共享的 4.2 升 FSI（燃油分层喷射）发动机即是其中性能强悍的代表作。

其中大众集团可以算是导入缸内直喷技术最具代表性的例子，目前包含奥迪和大众都已将名为 FSI 的缸内直喷发动机列为旗下车款的高阶动力来源，而且在奥迪和大众车系的顶级车上，甚至更以 FSI 结合涡轮增压以增大动力。

这种供油系统采用缸内直喷设计的最大优势，就在于燃油是以极高压力直接注入燃烧室中，因此除了喷油嘴的构造和位置都异于传统供油系统外，在油气的雾化和混合效率上也更为优异。加上近年来车上各项电子系统的控制技术大幅进步，计算机对于进气量与喷油时机的判读和控制也越加精准，因此再搭配上缸内直喷技术得以使发动机的燃烧效率大幅提升，不仅使发动机产生更大动力，而且对于环保和节能也都有正面的帮助。

但是缸内直喷技术也并非没有缺点，从经济层面来看，采用缸内直喷的供油系统除了在研发过程中必须花费更大成本外，在产品构成复杂且精密的情况下，零组件的价格也比传统供油系统昂贵，因此这些都是未来缸内直喷技术尚待克服的要素。

3 V型发动机与直列发动机有什么不同?

V型发动机的气缸是两两左右叉开的,形成一定的夹角,从侧面看上去就像"V"一样,所以叫V型发动机。V型发动机与直列发动机相比,缩短了机体长度和高度,增加了气缸体的刚度,减轻了发动机的重量,但加大了发动机的宽度,且形状较复杂,加工困难,一般用于6缸及6缸以上的发动机。现在的V型发动机主要有V6、V8、V10、V12四种。

V型发动机更低的安装位置便于装载在风阻系数更低的车辆中,同时得益于气缸对向布置,还可抵消一部分振动,使发动机运转更为平顺和安静。V型发动机的缺点则是必须使用两个气缸盖,结构较为复杂、成本较高。另外其宽度加大后,发动机两侧空间较小,不易再安排其他装置(图1-5)。

图1-5　V型发动机

现在市场上V型发动机的车型:奔驰S600、宝马760Li用的都是V12发动机;奔驰S65、CLS65、CL65等用的是双涡轮的V12发动机;法拉利

612、575M、599GTB、迈巴赫62和57、劳斯莱斯幻影、阿斯顿·马丁DB9等用的都是V12。国产目前无12缸车型。

直列式是汽车上应用最为广泛的气缸排列形式，尤其是2.5L以下排量的发动机。其特点是所有气缸均在一个平面，并且只使用一个气缸盖，缸体和曲轴的结构相对简单。这种发动机的优势在于尺寸紧凑、稳定性高、低速扭矩特性好，并且燃料消耗也较少，制造成本更低。

"直列"可用L代表，后面加上气缸数就是发动机代号，现代汽车上主要有L3、L4、L5、L6型发动机（图1-6）。

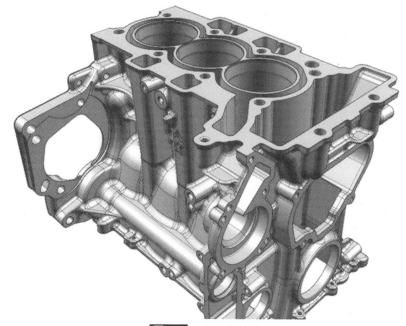

图 1-6　直列发动机

直列发动机的优点：稳定，成本低，结构简单，运转平衡性好，体积小，低速扭矩特性好，燃料消耗少，尺寸紧凑，应用比较广泛。缺点：当排气量和气缸数增加时，发动机的长度将大大增加。

V型发动机的优点：运转稳定（针对V6、V8、V12），节省空间。缺点：结构比较复杂，不利于保养和维修，并且造价较高。同时，V3、V5包括V10都由于其结构或排量的原因，并不非常稳定，尤其是作为F1发动机的V10 3升引擎，更是需要投入大量的精力和经费用于保证其稳定性。

4 W型发动机好在哪里？

W型发动机是德国大众专属发动机技术。将V型发动机的每侧气缸再进行小角度错开（如帕萨特W8的小角度为15度），就成了W型发动机。或者说W型发动机的气缸排列形式是由两个小V形组成一个大W形。严格来说W型发动机还应属于V型发动机的变种。

W型发动机可以做得更短一些，这样就能节省发动机所占的空间，同时减轻了重量，但它的宽度更大，使得发动机舱更满。常见的W型发动机有大众和奥迪的W8、W12发动机，这种发动机因气缸多，排量相对较大，动力更强（图1-7）。

图1-7　W型发动机

W型发动机的优点：发动机及曲轴更短，结构紧凑，适合用在大排量汽车上。缺点：结构复杂，制造和养护成本高。

W型发动机为大众集团所独有，配备在大众辉腾顶配、大众途锐顶配、奥迪A8顶配、奥迪Q7顶配、宾利欧陆、布加迪威龙、布加迪威航上（图1-8）。

图 1-8　奥迪 W12 发动机

涡轮增压是如何实现的？

涡轮增压（Turbo Charger），是一种利用内燃机运作产生的废气驱动空气压缩机的技术。

涡轮增压的主要作用就是提高发动机进气量，从而提高发动机的功率和扭矩，让车辆动力更强。一台发动机装上涡轮增压器后，其最大功率与未装增压器的时候相比可以增加 40% 甚至更高，这也就意味着同样一台发动机在经过增压之后能够输出更大的功率（图 1-9）。就拿最常见的 1.8T 涡轮增压发动机来说，经过增压之后，动力可以达到 2.4 升发动机的水平，但是耗油量却并不比 1.8 升发动机高多少，在另外一个层面上来说就是提高燃油经济性和降低尾气排放。

涡轮增压器利用发动机排出的废气惯性冲力来推动涡轮室内的涡轮，涡轮又带动同轴的叶轮，叶轮压送由空气滤清器管道送来的空气，使之增压进入气缸（图 1-10）。

当发动机转速增快时（加速时），废气排出速度与涡轮转速也同步增快，叶轮就压缩更多的空气进入气缸，空气的压力和密度增大可以燃烧更多的燃料，相应增加燃料量和调整发动机的转速，即可以增加发动机的输出功率。

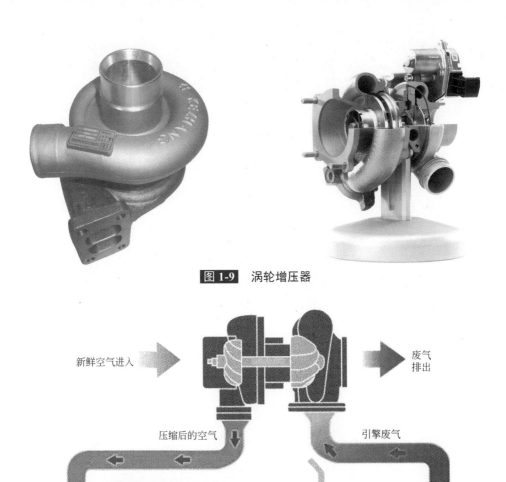

图 1-9　涡轮增压器

图 1-10　涡轮增压的工作原理

涡轮增压的最大优点是可提高发动机的功率和扭矩。

不过在经过增压之后，发动机在工作时的压力和温度都大大升高，因此发动机寿命会比同样排量没有经过增压的发动机要短，而且力学性能、润滑性能都会受到影响，这样也在一定程度上限制了涡轮增压技术在发动机上的应用。

6 柴油发动机和汽油发动机有什么区别？

柴油发动机是以柴油为燃料的发动机（图1-11）。

图1-11 柴油发动机

柴油发动机在进气行程中吸入的是纯空气。在压缩行程接近终了时，柴油经喷油泵将油压提高到10兆帕以上，通过喷油器喷入气缸，在很短时间内与压缩后的高温空气混合，形成可燃混合气。由于柴油发动机压缩比高（一般为16～22），所以压缩终了时气缸内空气压力可达3.5～4.5兆帕，同时温度高达750～1000开，大大超过柴油的自燃温度。因此柴油在喷入气缸后，在很短时间内与空气混合便立即自行发火燃烧。气缸内的气压急速上升到6～9兆帕，温度也升到2000～2500开。在高压气体推动下，活塞向下运动并带动曲轴旋转而做功，废气同样经排气管排入大气中。

普通柴油发动机的供油系统是由发动机凸轮轴驱动的，借助于高压油泵将柴油输送到各缸燃油室。这种供油方式要随发动机转速的变化而变化，做不到各种转速下的最佳供油量。

柴油发动机的优点是扭矩大、经济性能好。

汽油发动机是以汽油作为燃料的发动机（图1-12）。

图 1-12　汽油发动机

由于汽油黏性小，蒸发快，可以在气缸外部与空气形成均匀的混合气，然后将混合气吸入气缸，或用汽油喷射系统将汽油喷入气缸，使气体膨胀做功。

汽油发动机是将化学能转化为机械能的机器，它的转化过程实际上就是工作循环的过程，简单来说就是通过燃烧气缸内的燃料，产生动能，驱动发动机气缸内的活塞做往复运动，由此带动连在活塞上的连杆和与连杆相连的曲柄，围绕曲轴中心做往复的圆周运动，而输出动力的。

汽油发动机一般将汽油喷入进气管与空气混合成为可燃混合气再进入气缸，经火花塞点火燃烧膨胀做功，人们通常称它为点燃式发动机。而柴油发动机一般是通过喷油泵和喷油嘴将柴油直接喷入发动机气缸，和在气缸内经压缩后的空气均匀混合，在高温、高压下自燃，推动活塞做功，人们把这种发动机通常称为压燃式发动机。装配汽油发动机的汽车具有转速高（轿车用汽油机转速可高达5000～6000转/分钟，货车用汽油机达4000转/分钟左右）、重量轻、工作时噪声小、启动容易、制造和维修费用低等特点，故在轿车和中、小型货车及军用越野车上得到广泛应用。其不足之处是燃油消耗较高，因而燃油经济性较差。

装配柴油发动机的汽车因压缩比高，燃油消耗平均比装配汽油发动机的汽车低 30% 左右，所以燃油经济性较好。1.7 升柴油轿车比 1.6 升汽油轿车每百公里可节约 2 升燃油。一般货车大都采用柴油发动机。柴油发动机的弱点是转速较汽油发动机低（一般最高转速在 2500～3000 转/分钟）、重量大、制造和维修费用高（因为喷油泵和喷油器加工精度要求高）。它的应用范围正在向中、轻型货车扩展。国外柴油轿车也有很快的发展，其最高转速可达 5000 转/分钟。

什么是空燃比？

可燃混合气中空气质量与燃油质量之比为空燃比，空燃比 A/F（A 表示空气的量，F 表示燃料的量）表示空气和燃料的混合比。空燃比是发动机运转时的一个重要参数，一般用每克燃料燃烧时所消耗的空气的质量（克）来表示，它对尾气排放、发动机的动力性和经济性都有很大的影响（图 1-13）。

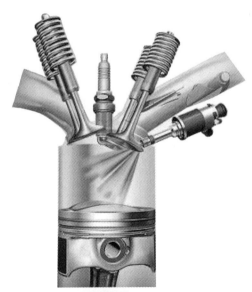

图 1-13　空燃比

为使废气催化率达到最佳（90% 以上），必然在发动机排气管中安装氧传感器并实现闭环控制，其工作原理是氧传感器将测得废气中氧的浓度转换成电信号后发送给 ECU，将发动机的空燃比控制在一个狭小的、接近理想的区域内（14.7∶1）。若空燃比大时，虽然 CO 和 HC 的转化率略有提高，但 NO_x 的转化率急剧下降为 20%，因此必须保证最佳的空燃比，而要实现最佳的空燃比，关键是要保证氧传感器工作正常。如果燃油中含铅、硅，就会造成氧传感器"中毒"。此外使用不当，还会造成氧传感器积炭、陶瓷碎裂、加热器电阻丝烧断、内部线路断脱等故障。氧传感器的失效会导致空燃比失准，排气状况恶化，催化转化器效率降低，长时间会使催化转化器的使用寿命降低。

从理论上说，每克燃料完全燃烧所需的最少的空气量（克），叫作理论空燃比。各种燃料的理论空燃比是不相同的：汽油为14.7，柴油为14.3。

空燃比大于理论值的混合气叫作稀混合气，气多油少，燃烧完全，油耗低，污染小，但功率较小。空燃比小于理论值的混合气叫作浓混合气，气少油多，功率较大，但燃烧不完全，油耗高，污染大。

汽油发动机的空燃比在12～13时功率最大，在16时油耗最低，在18左右污染物浓度最低。因此，为了降低油耗和减少污染，应当尽量使用空燃比大的稀混合气，只在需要时才提供浓混合气。这种做法，叫作稀薄燃烧，已被当今多数汽油发动机采用。

影响汽油发动机排放的最主要因素是混合气的空燃比，理论上 1 千克燃料完全燃烧时需要 14.7 千克的空气。这种空气和燃料的比例称为质量比。空燃比小于质量比时供给浓混合气，此时发动机发出的功率大，但燃烧不完全，生成的 CO、HC 多；当空燃比略大于质量比时，燃烧效率最高，燃油消耗量低，但生成的 NO_x 也最多；供给稀混合气时，燃烧速率变慢，燃烧不稳定，使得 HC 增多。在电控汽油喷射系统中采用闭环控制的方式，将空燃比控制在质量比附近，并在排气系统中的消声器前安装一个三元催化转化器，对发动机进行后处理，是当前减少汽车排气污染物的最有效方法。在质量比附近，转化器的净化效率最高（图1-14）。

为了满足发动机各种工况的要求，混合气的空燃比不是都采用闭环控制，而是采用闭环和开环相结合的策略，主要分为三种控制方式。

❶ 冷启动和冷却水温度低时通常采用开环控制方式。由于启动转速低、冷却水温度低、燃油挥发性差，需对燃油进行一定的补偿。混合气空燃比与冷

却水温度有关,随着温度增加,空燃比逐渐变大。

❷ 部分负荷和怠速运行时可分为两种情况:若为了获得最佳经济性,可采用开环控制方式,将空燃比控制在比质量比大的稀混合气状态下工作。

为了获得较低排放,并有较好的燃油经济性,必须采用电控汽油喷射系统加三元催化转化器,进行空燃比闭环控制。采用三元催化转化器时,只有当空燃比在质量比附近很窄范围内时 HC、CO 和 NO_x 排出浓度才均较小。装有电控汽油喷射的发动机采用闭环控制方式,才能将混合气空燃比严格控制在质量比附近很窄的范围内,使三元催化转化器净化效率最高。

❸ 节气门全开(WOT)时,为了获得最大的发动机功率和防止发动机过热,采用开环控制,将混合气空燃比控制在 12.5～13.5 范围内。此时发动机内混合气燃烧速率最快,燃烧压力最高,因而输出功率也就越大。

图 1-14　混合气燃烧

关于汽车排量你知道多少?

排量是指活塞每行程吸入或排出的气体体积。活塞从最高点移动到最低点所产生的气体体积称为气缸排量;如果发动机有若干个气缸,所有气缸气体体积之和称为发动机排量。一般用升(L)来表示(图 1-15)。

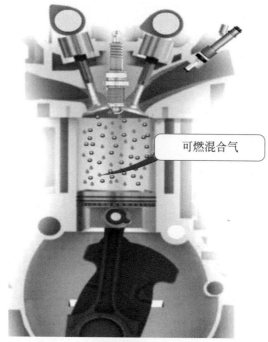

图 1-15 排量

发动机排量是最重要的结构参数之一，它比缸径和缸数更能代表发动机的大小，发动机的许多指标都同排气量密切相关。通常排量大，单位时间内发动机所释放的能量（即将燃料的化学能转化为机械能）大，也就是"动力性"好，所以那些越野车、跑车通常排量都相对较大。

我国轿车级别的划分是根据排量的大小来确定的。微型轿车的排量小于等于1.0升；普通级轿车的排量在1.0～1.6升范围内；中级轿车的排量在1.6～2.5升范围内；中高级轿车的排量在2.5～4.0升范围内；高级轿车的排量则大于4.0升。在汽车上，发动机和整车的适配性如何，对汽车的经济性影响十分大。如果小排量的发动机适配性不好，很可能并不比大排量的发动机省油，甚至会比大排量的发动机费油。如果是大排量的发动机，由于扭矩较大，不必很深地踏下油门踏板，所以消耗的燃油量变化不大。相比之下的结果，很可能是小排量的发动机更费油。

在没有任何书面说明的情况下，可以观察汽车铭牌，在汽车铭牌上会有车辆的生产日期、车架号以及车辆排量等信息（图1-16）。另外新车出厂时，在车窗玻璃上有一张工信部认证的排量信息，在上面有汽车油耗、汽车发动机排量等信息（只显示排量，不显示带不带涡轮增压）。

图1-16　汽车铭牌

通过观察外观几乎很少能看出汽车的排量是多少，除非对这一款车非常熟悉。

有朋友可能会说通过观察车辆尾部的数字、字母来判断汽车的排量，的确可以通过这种方式来观察，但是有些车辆尾部的数字、字母代表的只是发动机功率，而不是代表汽车的排量，因此造成了很多品牌的汽车尾部数字、字母的含义都不一样。

在这里以大众为例进行介绍（大众、奥迪、斯柯达都适用）。

大众常见的不带涡轮增压的发动机有三款，即1.4升、1.5升、1.6升发动机，这三款发动机中，1.4升发动机的车辆尾部没有任何数字、字母，1.5升和1.6升发动机的车辆尾部数字都是180（这两款发动机功率一样，而且1.6升即将要被1.5升代替）。

另外就是涡轮增压发动机，涡轮增压发动机在数字后面都会带有字母TSI，1.2T发动机车辆尾部带有TSI；1.4T低功率发动机车辆尾部带有230TSI，高功率版本带有280TSI；1.8T发动机车辆尾部带有330TSI（在这里提一下，老款1.8T发动机车辆尾部带有300TIS）；2.0T发动机车辆尾部带有380TSI（图1-17），新出的2.0T低功率发动机车辆尾部带有330TSI（和1.8T发动机功率一样）。

图1-17　汽车排量尾标

从相应的数据来判断,"08"表示发动机排量为0.8升,"20"表示发动机排量为2.0升,"16"表示发动机排量为1.6升;在表示排量的数字后面还有一位数字表示企业自定的产品序号。还有一部分国产轿车,其尾部并没有上面这种汽车型号,不过其排量一般也写在车身或车尾,比如长安铃木的"1300"型轿车,其排量就是1300毫升,即1.3升。又如南京菲亚特生产的派力奥轿车,在其车身侧面就能看到"1.3""1.6"的字样,这就是它们的发动机排量,单位是升。而一汽大众的奥迪系列轿车,其排量就写在车辆尾部,比如"1.8T"表示排量为1.8升带涡轮增压发动机,"2.4"表示排量为2.4升发动机。汽车排量标识如图1-18所示。

图1-18　汽车排量标识

9　废气再循环系统是如何进行工作的?

废气再循环(EGR)是指把发动机排出的部分废气回送进气歧管,并与新鲜混合气一起再次进入气缸。由于废气中含有大量的 CO_2 等多原子气体，CO_2 等气体不能燃烧，但其比热容高，能吸收大量的热，使气缸中混合气的最高燃烧温度降低，从而减少了 NO_x 的生成量。

EGR 主要通过以下几方面发挥作用：EGR 中的 CO_2 和水蒸气大大增加了工质的比热容，同时废气的加入也稀释了原来混合气中的氧浓度，从而使燃烧速率变缓，使燃烧过程中的最高温度和平均温度都有所下降，破坏了 NO 生成的有利环境，从而大大降低 NO_x 排放。因为汽油发动机的负荷调节方式通常为量调节，所以在汽油发动机上应用 EGR 可以相应地增加进气量，EGR 率的增加能降低汽油发动机在中低负荷工况下的节流损失，降低汽油发动机的燃油消耗率。因为废气混入进气参与燃烧，会使发动机中的各个环节和参数发生变化，对发动机也会产生多方面的影响，而且影响是整体化的，必须总体考量（图 1-19）。

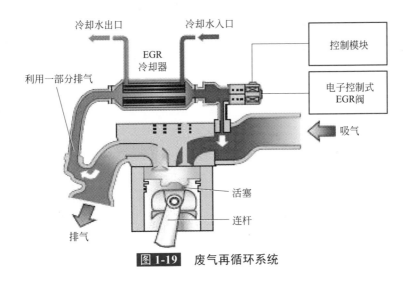

图 1-19　废气再循环系统

10　什么是凸轮轴顶置式发动机？

顶置凸轮轴（Over Head Camshaft，OHC）是一种现今流行的汽车发动机气门机构。在这种结构中，凸轮轴被放置在气缸盖内，燃烧室之上，直接驱动摇臂、气门，不必通过较长的推杆。与气门数相同的推杆式发动机（即顶置气门结构）相比，顶置凸轮轴结构中需要往复运动的部件要少得多，因此大大简化了配气结构，显著减轻了发动机重量，同时也提高了传动效率、降低了工作噪声。尽管顶置凸轮轴使发动机的结构更加复杂，但是它带来的更出色的引擎综合表现（特别是平顺性的显著提高）以及更紧凑的发动机结构，使发动机制造商很快在产品中广泛应用这一设计。顶置凸轮轴与顶置气门结构的驱动方式并不一定不同，动力可以通过正时皮带、链条甚至齿轮组传递到顶置的凸轮轴上。

常见的顶置凸轮轴有单顶置凸轮轴（SOHC）（图1-20）和双顶置凸轮轴（DOHC）（图1-21）两种。

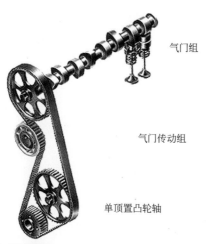

图1-20　单顶置凸轮轴（SOHC）

图1-21　双顶置凸轮轴（DOHC）

单顶置凸轮轴是一种在气缸盖内只设置一个凸轮轴的设计。采用这种设计的直列气缸引擎只需在气缸盖上方安装一个凸轮轴，而V型发动机则需要两个凸轮轴，分别安装在一侧气缸组之上。

单顶置凸轮轴设计中，需要往复运动的部件及其总重量较同等条件下的推杆式引擎显著减少。因此单顶置凸轮轴能提高引擎转速，从而在输出扭矩相同的情况下提高引擎的功率输出。在这种设计中，凸轮轴能够直接或通过摇臂控制气门开闭，而不需像顶置气门的推杆式引擎一样，需要通过挺杆、较长的推杆以及摇臂将引擎组内凸轮轴上凸轮的运动传递到气缸盖内的气门上。

相比于推杆式结构，单顶置凸轮轴设计能使引擎结构（主要是配气结构）更加紧凑，这一优势在同时采用多气门设计（即一个气缸有两个以上的气门）

时特别显著。不过有时为了适应引擎设计的特定要求，在使用单顶置凸轮轴设计的同时也需要采用一些附加部件。

单顶置凸轮轴也有其缺点，由于进气门和排气门在进气道中位置不同，气门开闭时间的精确性会受到一定影响。

丰田和大众汽车也曾在单顶置凸轮轴的每缸两气门引擎中使用过直接驱动、平行气门的结构以使体积进一步紧凑。丰田汽车采用的是液压挺杆，而大众汽车采用的是桶状挺杆，同时还配备了气门间隙调节垫片以精确控制气门开闭时间。在单顶置凸轮轴引擎的所有气门排列形式中，这种设计可能是最为紧凑和简单的。

双顶置凸轮轴简称"双凸轮轴"，是一种在气缸盖内配备两个凸轮轴的气门排列形式，两个凸轮轴分别控制进气门和排气门。根据引擎构造的不同（主要是气缸排列形式的不同），一般的双顶置凸轮轴汽车引擎，最多可拥有2～4个不等的凸轮轴。

双顶置凸轮轴结构的引擎并不一定有两个以上的进气门和排气门，但是如果多气门引擎的气门需要被直接驱动（虽然一般都通过挺杆驱动），那么双顶置凸轮轴是不可缺少的。然而，并非所有的双顶置凸轮轴都是多气门的设计，在多气门技术普及之前，两气门引擎上也经常配备两个凸轮轴。目前，几乎所有的双顶置凸轮轴引擎中，每个气缸都有3～5个气门，因此双顶置凸轮轴已经与多气门技术画上了等号。

 自然吸气式发动机与涡轮增压式发动机有何区别？

涡轮增压式发动机（图1-22）是在自然吸气式发动机的基础之上加了一套涡轮增压器来压缩空气，从而增加功率和扭力。所以涡轮增压式发动机的气缸单位容积内的含氧量更高，能燃烧更多的汽油从而爆发更多的能量。

涡轮增压式发动机更适合需要长路程用车且追求开车速度快的驾驶者。一方面，涡轮增压式发动机进气量大，车辆的加速度大，司机便能更加操纵自如地控制车辆的速度，操控性能佳；另一方面，如果用高功率的涡轮增压式发动机作为每天上下班的代步工具，车辆在城市内行驶速度不快，发动机积炭多，容易影响到车辆的性能，日常保养费用也高。

图 1-22 涡轮增压式发动机

自然吸气式发动机（图 1-23）更适合追求驾驶平顺、舒适性的驾驶者。一方面自然吸气发动机虽然动力输出没有那么强劲，但其不管是在动力输出的平顺性或是动力收放的掌控性都能带给驾驶者舒适的驾驶体验；另一方面，由于涡轮增压式发动机加入了涡轮增压器，导致发动机磨损更严重，所以大小保养所用的机油以及所加的燃油都需要更好的品质。反观自然吸气式发动机对油品要求不是很高，基本上 92 号汽油就能够保证车辆的正常使用，而很多涡轮增压式发动机则需要加 95 号汽油，这无疑增加了日常用车的费用。

自然吸气式发动机的动力收放更容易掌控，主要表现在细微操控油门时动力的输出上。例如一直保持油门在某一个开度不变，自然吸气式发动机的车辆加速会比较畅顺、加速度相对比较平均；涡轮增压式发动机的车辆则会呈一种渐入高峰的变化性输出。不过这种差异有缩小的倾向，有些自然吸气式发动机也会有较大的力量波幅，而有些涡轮增压式发动机的输出已经调校得非常平均。

但某些时候还是能见到它们的"先天特性",例如在一个较斜的坡道上倒车时,开自然吸气式发动机的车辆,很容易找到一个让车辆稳定、精细地发力的油门位置,而对于涡轮增压式发动机的车辆,这个油门位置就比较难掌握,往往要踩一下、放一下,即是说涡轮增压式发动机的车辆的极低速度下的线性度明显不及自然吸气式发动机的车辆。这个现象不但发生在10万~20万元的涡轮增压式发动机的车辆(如新君威2.0T、昊锐1.8T)上,就连一些高级大排量涡轮增压式发动机的车辆也难以避免。

图 1-23　自然吸气式发动机

使用维护方面,现在大部分涡轮增压式发动机的日常保养都和自然吸气式发动机没有区别,用的机油都是相同的,保养间隔里程、保养时要做的项目其实也差不多,所以只要涡轮不出故障,这两种发动机在养护方面基本上是没有差别的。而涡轮到底何时会出故障?这个问题随着技术的发展,将会越来越被淡化,欧洲和日本的经验是涡轮起码在车辆行驶10万千米以上才可能报废,如果保养得好,终身不用换涡轮也不是什么"奇迹"。

所谓"换涡轮",很多时候并不是整个涡轮损坏,而仅仅是涡轮叶片的轴承损坏，因为这个部分的转速超高（可达十几万转/分钟），冷却不到位就会因润滑干涸而损坏，而通常这个部分损坏了，厂商都会要求更换整个涡轮增压器总成，这就是影响涡轮增压发动机可靠性的核心问题。

涡轮增压式发动机在使用要求上最大的不同，就是要做到"延时熄火"。涡轮增压器在正常工作状态下能获得充分冷却，不会有问题，但是停车熄火断电后，冷却系统就不能对涡轮增压继续进行冷却，而此时涡轮叶片仍然因惯性高速旋转，这时候轴承就会受损。这种损坏可能是瞬间的，也可能是微小的，但日积月累会缩短涡轮增压器的工作寿命。针对这个问题，日常驾驶涡轮增压式发动机的车辆，最好每次停车后做到延迟几分钟熄火，让仍然处于高温状态的涡轮叶片轴承获得冷却和润滑；延长轴承寿命。这是涡轮增压式发动机与自然吸气式发动机最大、也差不多是唯一的使用方式上的区别。过去不少拥有涡轮增压式发动机的车辆的车主会自己加装一个延时熄火装置（Turbo Timer），而大众TSI涡轮式发动机现在原厂已配有自动延迟冷却系统，用户已完全不用管延迟熄火的问题，相信这一技术在涡轮增压式发动机中也会日渐普及。

发动机如何吸气和排气？

进气和排气系统通常被视为关联系统。一方面，气体先后以新鲜空气和废气形式经过整个系统；另一方面，某些发动机的系统存在内在联系（如涡轮增压器）。进气系统负责为发动机提供新鲜空气（图1-24），排气系统则负责"运走"燃烧废气。

我们看到的进气门都会比排气门大一些，这是因为一般进气是靠真空吸进去的，排气是通过挤压将废气推出，所以排气相对比进气容易。为了获得更多的新鲜空气参与燃烧，因而进气门需要大一些以获得更多的进气。

四冲程发动机的工作原理如下。

❶ 进气行程：进气过程中，进气门开启，排气门关闭。活塞从气缸上止点运动到下止点，活塞上方的气缸容积增大，气缸内的压力下降。当压力降低到低于大气压时，气缸内形成真空吸力，可燃混合气便经进气门被吸入气

缸（图1-25）。

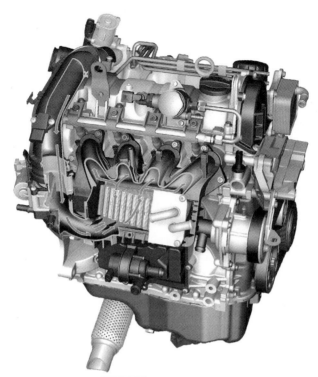

图 1-24　发动机进气

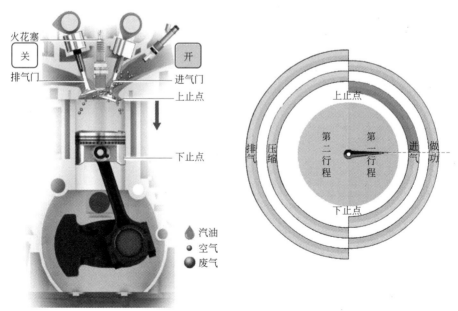

图 1-25　发动机进气行程

第一章　发动机知识

❷ 压缩行程：压缩过程中，进、排气门全部关闭，活塞从下止点向上止点移动将可燃混合气压缩，使其容积缩小，密度加大，温度升高，活塞到达上止点时压缩终了，混合气被压缩到燃烧室中（图1-26）。

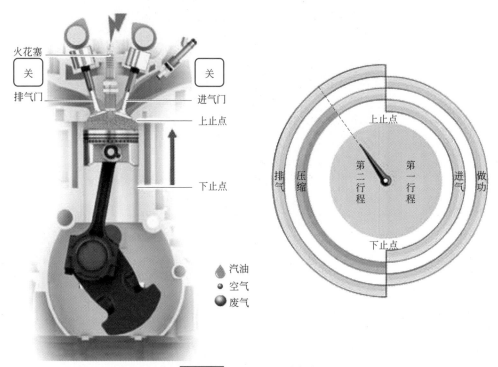

图1-26 发动机压缩行程

❸ 做功行程：做功过程中，进、排气门仍旧关闭，当活塞接近压缩上止点时，装在气缸体上的火花塞发出电火花，点燃被压缩的可燃混合气。可燃混合气燃烧后，高温、高压燃气推动活塞从上止点迅速向下止点运动，通过连杆使曲轴旋转并输出机械能（图1-27）。

❹ 排气行程：排气过程中，排气门开启，进气门关闭。活塞由下止点向上止点运动，将废气强制排出气缸，以便进行下一工作循环（图1-28）。

进气系统由空气滤清器、空气流量计、进气压力传感器、节气门体、附加空气阀、怠速控制阀、谐振腔、动力腔、进气歧管等组成。

进气系统的主要功用是为发动机输送清洁、干燥、充足而稳定的空气以满足发动机的需求，避免空气中杂质及大颗粒粉尘进入发动机燃烧室造成发

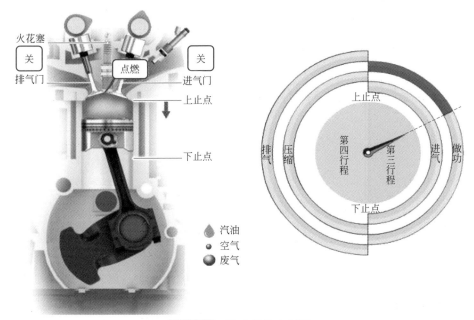

图 1-27 发动机做功行程

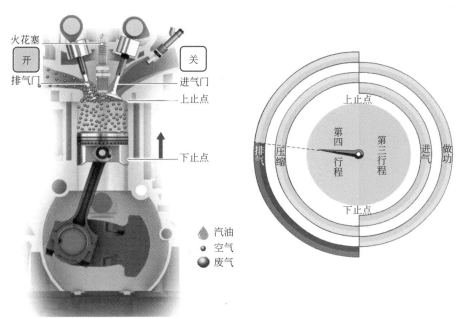

图 1-28 发动机排气行程

动机异常磨损。进气系统的另一个重要功能是降低噪声,进气噪声不仅影响整车通过噪声,而且影响车内噪声,这对乘车舒适性有着很大的影响。进气系统设计得好坏直接影响到发动机的功率及噪声品质,关系到整车的乘坐舒适性(图1-29)。

图1-29　发动机进气路线

发动机工作时,驾驶员通过加速踏板操纵节气门的开度,以此来改变进气量,控制发动机的运转。进入发动机的空气经空气滤清器滤去尘埃等杂质后,流经空气流量计,沿节气门通道进入动力腔,再经进气歧管分配到各个气缸中;发动机冷车怠速运转时,部分空气经附加空气阀或怠速控制阀绕过节气门进入气缸。

排气系统指收集并且排放废气的系统,包括排气歧管、排气管、消声管、尾管。

新鲜空气与汽油混合进入引擎燃烧后,产生高温高压的气体推动活塞,当气体能量释放后,对引擎就不再有价值,这些气体就成为废气被排放出引擎外。废气自气缸排出后,随即进入排气歧管,各缸的排气歧管汇集后,经过排气管将废气排出。如进气歧管一样,气体在排气歧管内也是以脉冲的方式离开引擎,所以各缸的排气歧管长度及弯度也要设计成尽量相同,使各缸的排气都同样顺畅(图1-30)。

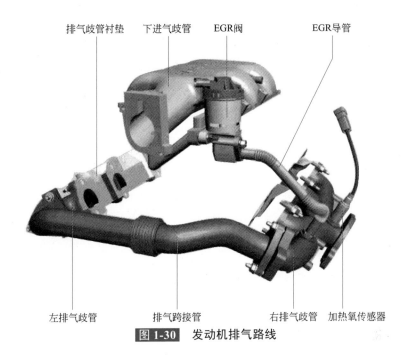

图 1-30　发动机排气路线

13 什么是发动机自检？

现在的发动机都是由电子设备控制的，不是纯机械的。发动机上有各种电子元件和电子传感器，所谓的发动机自检是指每次给发动机通电的时候，类似于计算机 CPU 的发动机中央控制器都会对这些电子部件进行一次逻辑检测，如果发现故障，会通过指示灯提示车主。如果没有故障，就可以正常启动行驶。

14 发动机前置、中置、后置各有什么优缺点？

发动机前置，顾名思义就是发动机的安装位置在汽车的前轮轴上方，发动机前置布局也是最为常见的布局形式，目前市面上 99% 的家用车都采用发动机前置的布局形式。其驱动方式又分为前置前驱、前置后驱和前置四驱三种。

优点：实用性强，操作最方便，同时能够使车内空间达到最大化。

缺点：大量动力浪费，制动性能存在损失。

代表车型：福特野马、本田思域、宝马、奥迪（图1-31）。

图1-31 发动机前置车辆

❶ 前置前驱是目前大多数车辆采用的方式，也是实用性最强的。发动机采用的是横置的方式，发动机和车轮的运转方向相同，因此并没有传动轴。其优点就是发动机的效率比较高，同时空间利用率也较高。

不过，它的操控性较差，因此许多高端车企只是将这种布局形式运用于低端车型，或者干脆舍弃不用。不少车迷也是比较排斥这种驱动形式，毕竟操控感太弱。

至于原因，也不难理解。因为从性能上来说，后轮驱动的车辆，它的性能表现是最佳的。而采用前置前驱发动机的话，必须将发动机动力输出并传递到整个车辆，进而才能驱动后轮，这就浪费了大量动力，因此动力性能不可避免会存在一定的损失。

在实际操控过程中，由于整车重心都压在前轮轴上，因此过弯极限和弯道灵活性都会有所打折，"推头"现象也会比较严重。

❷ 前置后驱，发动机采用的是纵置的方式，曲轴与汽车的前桥是垂直的，主要通过传动轴将动力输出到后轮。其优点是操控性还可以，操控乐趣要大于前置前驱。因此喜欢玩车的车友大多青睐前置后驱形式。

实际操控中，前置后驱的过弯极限比较大，不过对于驾驶技术的要求也相对会比较高，而如果驾驶者的技术到位，也可以完成"漂移"等难度较大的动作，但要是遇到雨雪天气的湿滑路面，那就很危险了。

至于缺点，也与传动轴有关。由于多了传动轴，因此在输出的过程中会导致部分动力损失。还有另外一个缺点，那就是传动问题，也会影响到车内空间。

❸ 相对前置前驱和前置后驱，前置四驱的驱动形式就显得优秀不少，操控性也更为出色。再者，由于是四轮驱动的形式，因此对于驾驶者的技术要求相对会比较低，如奥迪 quattro 四驱车型就是采用此种驱动形式。此外，不少越野车也大多搭载前置四驱形式，在汽车脱困表现上，它的能力毋庸置疑。

发动机中置，就是发动机安装在汽车的前轮轴和后轮轴的中间位置（图 1-32），主要有中置四驱和中置后驱两种驱动形式。

图 1-32　发动机中置车辆

优点：前后配重比更均衡，操控更出色，是大多数超跑的布局形式。

缺点：占用空间大。

代表车型：布加迪、柯尼塞格。

发动机中置在三种布局中是最不常见的，但实际上，它的发动机却处于整个车辆的最佳位置。原因就在于，其位置接近后轮外，能够让车辆的重量分布、重心和拉力取得最理想的均衡。

此外，由于车辆的重心在中部，因此也不会因为额外的重量而导致车轮失衡，这对于有效提高车辆转向的精度也很有助益，尤其在赛道急弯时更容易体现出来。更出色的操控，更高的极限，已经大大超越实用性。

发动机后置，就是发动机的安装位置在汽车的后轮轴上（图1-33）。这种布局方式相对少见，除了日常的公交车和大巴车，大家比较熟悉的就是保时捷911了。该种布局方式主要有后置后驱和后置四驱两种形式。

图 1-33　发动机后置车辆

优点：车头更灵活，操控体验更出色。

缺点：对驾驶者技术要求很高。

代表车型：保时捷911。

跑车上比较流行发动机后置布局，因为将动力源置于后桥上方，可以提升加速及制动的性能，同时也能拥有更为灵活的操控体验。

此外，搭载后置发动机的车辆尺寸上也比普通的乘用车要小，因此尺寸上的优势，即紧凑的布局对于驾驶操控性的提升也是比较明显的。具体表现就是省去了部分结构，车身更轻，因此更有利于时速百千米加速性能的突破。

不过，由于后轴压力增大，因此这一类跑车也更不容易控制。比如后轮驱动容易出现侧滑的情况；而当车辆的后轮滑动超过前轮时，就会发生摆尾效应，因此对于驾驶者的驾驶技术要求比较高。不过这也是大多数赛车手喜欢它的原因，毕竟其驾驶效果实在"太酷"。

第二章
变速器知识

 汽车为什么需要变速器？

发动机直接输出的转矩变化范围是比较小的，而汽车起步、上坡却需要大的转矩，高速行驶时，只需要较小的转矩，如直接把发动机的动力用于驱动汽车，就很难实现汽车的起步、上坡或高速行驶。另外，汽车需要倒车，也必须通过变速器来实现。

变速器为什么可以调整发动机输出的转矩和转速呢？其实这里蕴含了齿轮和杠杆的原理。变速器内有多个不同的齿轮，通过不同大小的齿轮组合一起，就能实现对发动机转矩和转速的调整（图2-1）。用低转矩可以换来高转速，用低转速则可以换来高转矩。

变速器的作用主要表现在三方面：第一，改变传动比，扩大驱动轮的转矩和转速的变化范围；第二，在发动机转向不变的情况下，实现汽车倒退行驶；第三，利用空挡，可以中断发动机动力传递，使得发动机可以启动、怠速。

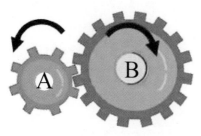
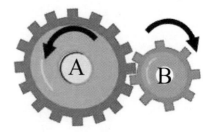

> 转动时，齿轮A的转速必然比齿轮B的转速要高，通过不同大小齿轮的组合，可以实现增速或减速

> 不同大小齿轮间的传动，传动扭矩之所以能增大或减小，其实与杠杆的原理是一样的

图 2-1　齿轮传动示意

汽车为什么要装差速器？

　　差速器安装在变速器内部。

　　汽车差速器是能够使左右（或前后）驱动轮实现不同转速转动的机构，主要由左右半轴齿轮、两个行星齿轮及齿轮架组成（图 2-2）。

图 2-2　差速器总成

普通差速器由行星齿轮、行星轮架（差速器壳）、半轴齿轮等零件组成。差速器的安装位置如图2-3所示。发动机的动力经传动轴进入差速器，直接驱动行星轮架，再由行星轮带动左右两个半轴，分别驱动左右车轮。差速器的设计要求满足：左半轴转速+右半轴转速=2×行星轮架转速。

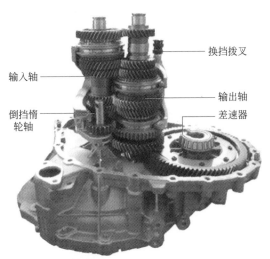

图 2-3 差速器的安装位置

汽车转弯时，内侧车轮和外侧车轮的转弯半径不同，外侧车轮的转弯半径要大于内侧车轮的转弯半径，这就要求在转弯时外侧车轮的转速要高于内侧车轮的转速。

差速器的作用就是满足汽车转弯时两侧车轮转速不同的要求。这个作用是差速器最基本的作用，至于后来发展的中央差速器、防滑差速器、LSD差速器、托森差速器等，它们是为了提高汽车的行驶性能、操控性能而设计的。

当转弯时，由于外侧车轮有滑拖的现象，内侧车轮有滑转的现象，两个驱动轮此时就会产生两个方向相反的附加力，由于"最小能耗原理"，必然导致两边车轮的转速不同，从而破坏了三者的平衡关系，并通过半轴反映到半轴齿轮上，迫使行星齿轮产生自转，使内侧半轴转速减慢，外侧半轴转速加快，从而实现两边车轮转速的差异。

当汽车直行时，左右车轮与行星轮架三者的转速相等且处于平衡状态，而在汽车转弯时三者平衡状态被破坏，导致内侧车轮转速减小，外侧车轮转速增加。

驱动桥两侧的驱动轮若用一根整轴刚性连接，则两轮只能以相同的角度旋转。这样，当汽车转向行驶时，由于外侧车轮要比内侧车轮移过的距离大，将使外侧车轮在滚动的同时产生滑拖，而内侧车轮在滚动的同时产生滑转。即使是汽车直线行驶，也会因路面不平或虽然路面平直但轮胎滚动半径不等（轮胎制造误差、磨损不同、受载不均或气压不等）而引起车轮的滑动。

车轮滑动时不仅加剧轮胎磨损、增加功率和燃料消耗，还会使汽车转向困难、制动性能变差。为使车轮尽可能不发生滑动，在结构上必须保证各车轮能以不同的角度转动。

通常从动车轮用轴承支承在主轴上，使之能以任何角度旋转，而驱动车轮分别与两根半轴刚性连接，在两根半轴之间装有差速器，这种差速器又称为轴间差速器。

多轴驱动的越野汽车，为使各驱动桥能以不同角度旋转，以消除各桥上驱动轮的滑动，有的在两个驱动桥之间装有轴间差速器。

什么是无级变速器？

发明无级变速传动机构的是荷兰人，有其装置的变速器也称为无段变速箱或者无级变速器（Continuously Variable Transmission，CVT）。

这种变速器和普通自动变速器的最大区别是它省去了复杂而又笨重的齿轮组合变速传动，而只用两组带轮进行变速传动。通过改变驱动轮与从动轮传动带的接触半径进行变速，其设计构思十分巧妙。由于CVT可以实现传动比的连续改变，从而得到传动系统与发动机工况的最佳匹配，提高整车的燃油经济性和动力性，改善驾驶员的操纵方便性和乘员的乘坐舒适性，所以它是理想的汽车传动装置。无级变速器轿车一样有自己的挡位，停车挡P、倒车挡R、空挡N、前进挡D等，只是汽车前进自动换挡时十分平稳，没有突跳的感觉（图2-4）。

为实现无级变速，按传动方式可采用液体传动和电力传动两种。

液体传动分为两类：一类是液压式，主要是由泵和马达组成或者由阀和泵组成的变速传动装置，适用于中小功率传动，液压式又包括静液压式和液压机械式两种；另一类为液力式，采用液力耦合器或液力矩进行变速传动，适用于大功率发动机（几百至几千千瓦）。液体传动的主要特点是：调速范围大，可吸收冲击和防止过载，传动效率较高，寿命长，易于实现自动化；制造精度要求高，价格较贵，输出特性为恒转矩，滑动率较大，运转时容易发生漏油。

图 2-4　无级变速器

电力传动基本上分为三类。第一类是电磁滑动式，它是在异步电动机中安装一个电磁滑差离合器，通过改变其励磁电流来调速，这属于一种较为落后的调速方式。其特点是结构简单，成本低，操作维护方便；滑动大，效率低，发热严重，不适合长期负载运转，故一般只用于小功率传动。第二类是直流电动机式，通过改变磁通或改变电枢电压实现调速。其特点是调速范围大，精度也较高，但设备复杂，成本高，维护困难，一般用于中等功率范围（几十至几百千瓦），现已逐步被交流电动机式替代。第三类是交流电动机式，通过变极、调压和变频进行调速。实际应用最多者为变频调速，即采用一个变幅器获得变幅电源，然后驱动电动机变速。其特点是调速性能好、范围大、效率较高，可自动控制，体积小，适用功率范围宽；机械特性在降速段为恒转矩，低速时效率低且运转不够平稳，价格较高，维修需专业人员。近年来，变频器作为一种先进、优良的变速装置迅速发展，对机械无级变速器产生了一定的冲击。

常见的无级变速器有液力机械式无级变速器和金属带式无级变速器（VDT-CVT），国内市场上能见到的、采用了这种技术的有奥迪 A6 部分车型、比亚迪（G3）、日产（阳光、天籁、轩逸、逍客、骐达）、本田思域和飞度（新款才有）、名爵 3SW、旗云、长城（腾翼系列轿车）、帝豪（EC7、EC7-RV/远景）等车型，偏向于大型车的有沃尔沃产的巴士。

什么是自动变速器？

自动变速器（AT），又称自动挡。自动变速器（图 2-5）具有操作容易、驾驶舒适、能减少驾驶者疲劳的优点，已成为现代轿车配置的一种发展方向。装有自动变速器的汽车能根据路面状况自动变速变矩，驾驶者可以全神贯注地注视路面交通而不会被换挡弄得手忙脚乱。

图 2-5 自动变速器

轿车普遍使用的是 AT，AT 几乎成为自动变速器的代名词。AT 由液力变矩器、行星齿轮和液压操纵系统组成，通过液力传递和齿轮组合的方式来达到变速变矩的目的。其中液力变矩器是 AT 中最重要的部件，它由泵轮、涡轮和导轮等构件组成，兼有传递扭矩和离合的作用。

液力变矩器位于自动变速器的最前端，主要缺点是效率低，因此为了提高液力变矩器的效率，在液力变矩器里增加了闭锁离合器，通过闭锁离合器可将泵轮和涡轮连接为一体，从而提高液力变矩器的效率。

机械传动部分主要分为定轴齿轮传动和行星齿轮传动两类，其共同的特点是采用离合器换挡，所谓离合器换挡指的是通过离合器实现挡位更换。采用离合器换挡的最大好处是可以实现动力换挡，所谓动力换挡就是在换挡期间没有动力损失或动力损失小。

目前绝大多数自动变速器采用的是行星齿轮传动机构，换挡也通过离合器或制动器来完成，当离合器中的两个传递元件中有一个元件是固定不动时，离合器就变成了制动器。

AT的换挡过程控制是通过液压操纵换挡离合器或制动器来进行的，包括换挡规律控制和换挡品质控制两个方面。

AT换挡规律控制除了要控制自动换挡时刻外，还有一个重要内容就是对闭锁离合器的闭锁控制。换挡品质指的是对离合器（包括闭锁离合器）或制动器的充放油控制。换挡过程控制是通过对结合元件在换挡过程中的搭接时序、油压变化规律等进行控制的，这里的结合元件主要是指离合器。离合器的结合、分离靠充放油进行控制，如果结合或分离的时机不当会造成换挡冲击，影响换挡品质。另外，在车辆行驶过程中，液力变矩器中闭锁离合器的闭锁、解锁是很频繁的，其结合品质的好坏直接影响到动力传动系统工作的平稳性和可靠性以及换挡品质的优劣。闭锁离合器的结合品质取决于其控制油路的充放油特性。因此对AT换挡品质的控制主要就是对离合器（包括闭锁离合器）的充放油进行控制。AT的换挡控制先后经历了三个发展阶段：

❶ 通过纯机械或液压方式实现自动换挡和换挡品质控制，也就是说在AT中没有电子控制系统；

❷ 通过电磁阀实现换挡规律的控制，而换挡过程仍由机械液压系统实现；

❸ 通过电磁阀实现自动换挡和换挡品质控制。

由此可见AT的控制正向着电控化的方向发展，电控系统在AT中的作用越来越大。

5 什么是机械式手自一体变速器?

AMT 即 Automated Mechanical（或 Manual）Transmission，中文名叫自动机械式变速箱，其实可以简单理解成在一台手动变速箱基础上增加了液压机构操纵的离合器和换挡拨叉，以取代人手和脚，实现自动换挡（图 2-6）。

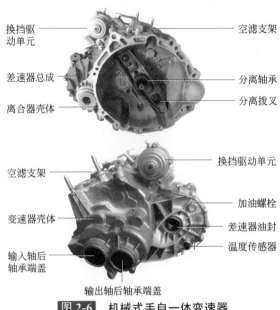

图 2-6 机械式手自一体变速器

TCU（自动变速器控制单元）根据车辆行驶工况（车速、加速度、挡位）和驾驶员的驾驶意图（加速踏板、换挡杆）按照设定的换挡规律，选择合适的挡位和换挡时机，控制换挡执行机构模拟熟练驾驶员的换挡动作（包括对离合器、变速箱和发动机的联合控制）进行选挡和换挡。当然，全电式 AMT 的这些动作是靠电动机的旋转而实现的（图 2-7）。

机械式手自一体变速器的优点。

❶ 重量轻：无特殊离合器。

❷ 造价低：传动机构简单。

❸ 执行件效率高：电-机械执行器，直齿轮驱动。

❹ 驾驶性能高：灵活的驾驶策略，优异的动态性能。

❺ 舒适性好：扭矩控制及友好的驾驶界面。

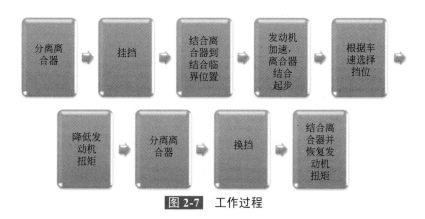

图 2-7　工作过程

什么是双离合自动变速器？

双离合变速器简称 DCT，英文全称为 Dual Clutch Transmission，因为其有两组离合器，所以有人称"双离合变速器"。双离合变速器（图 2-8）起源于赛车运动。

图 2-8　双离合变速器

双离合自动变速器基于手动变速器基础之上。而与手动变速器所不同的是，DCT 中的两个离合器与两根输入轴相连，换挡和离合操作都是通过集成电子和液压元件的机械电子模块来实现的。而不再通过离合器踏板操作。就像Tiptronic 液力自动变速器一样，驾驶员可以手动换挡或将变速杆处于全自动 D 挡（舒适型，在发动机低速运行时换挡）或 S 挡（任务型，在发动机高速运行时换挡）模式。此种模式下的换挡通常由挡位和离合执行器实现。两个离合器各自与不同的输入轴相连。如果离合器 1 通过实心轴与 1 挡、3 挡、5 挡相连，那么离合器 2 则通过空心轴与 2 挡、4 挡、6 挡和倒挡相连。

通俗地说就是，这种变速器形式有两个离合器，一个控制 1 挡、3 挡、5 挡，一个控制 2 挡、4 挡、6 挡。使用 1 挡的时候 2 挡已经准备好了，所以换挡时间大大缩短，没有延时。

双离合变速器分为干式双离合变速器和湿式双离合变速器。无论干式还是湿式，传动原理都基本相同，都是有两个离合器轮流工作。但是离合器的主动盘和从动盘的连接介质不同，干式双离合是靠空气，湿式双离合是靠油液。

干式双离合器与湿式双离合器的区别在于两者不同的离合器片工作环境。湿式双离合器的离合器片浸泡在变速箱油液里，而干式双离合器的离合器片直接与发动机飞轮接触。从技术成熟度与可靠性上来看，湿式双离合器由于离合器片工作在液压油中，油液起到了一定的散热效果，所以使用起来更为稳定。干式双离合器因为散热不好，在拥堵的市区容易出现离合器片高温甚至是烧蚀的风险。在这一层面上来说，湿式双离合器技术成熟度要高。同时，湿式双离合器（图 2-9）结构复杂，制造成本高，再就是其动力传递效率不如干式双离合器高。

图 2-9 湿式双离合器

所以，干式双离合器的散热性差，是更容易坏的原因。对于采用双离合的车辆，从耐用性来说，湿式双离合器比干式双离合器更不容易坏，更耐用。当然干式双离合器也有它不可磨灭的优势，即换挡速度快，这也是整个变速器发展的一个重要方向。

什么是手动变速器？

手动变速器（MT），也称手动挡，即用手拨动变速杆才能改变变速器内的齿轮啮合位置，改变传动比，从而达到变速的目的（图2-10）。踩下离合踏板时，才可拨动变速杆。

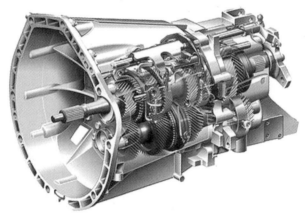

图 2-10　手动变速器

手动变速器主要有以下功用。

❶ 改变传动比，扩大驱动轮转矩和转速的变化范围，以适应经常变化的行驶条件。

❷ 在汽车发动机旋转方向不变的前提下，利用倒挡实现汽车倒退行驶。

❸ 在发动机不熄火的情况下，利用空挡中断动力传递，有利于发动机的启动、暖机、怠速，便于换挡或汽车滑行、暂时停车等使用工况。

❹ 通过变速器将发动机的动力输出并驱动其他机构，如某些车的绞盘、自卸车的油泵等。

手动变速器主要有以下优点。

❶ 与自动变速器相比较可以给汽车驾驶爱好者带来更多的操控乐趣。

❷ 传输效率比自动变速器高，在同排量发动机条件下，比液力自动变速器省油。

❸ 构造较简单，维修保养比自动变速器便宜，耐用程度比自动变速器好。

❹ 工艺相对成熟，制造成本低。

❺ 可靠性较高。

手动变速器的缺点如下。

❶ 换挡时需要同时控制离合器、换挡手柄和油门，会使得驾驶员操作负担大，特别对于新手，易造成驾驶员紧张，影响行车安全。

❷ 控制离合器技术不熟练者常常使车辆在马路上熄火，特别是上坡时操作不当的话会损坏引擎和变速器。

❸ 手动变速器属于纯力学机械结构，故增加挡位必会造成体积和重量的增加，使挡位增加有限（当前最多为七速，但最佳的挡位数是六速）；相比之下，采用行星齿轮组（AT）或钢带（CVT）的自动变速器，可随着技术提升来压缩体积，进而达到增加挡位却不增加体积的优点。

如何降低无级变速车的油耗？

（1）轻加油，轻刹车，早刹车

总是"大脚"踩油门，耗油量自然要增加，在保证汽车正常行驶的前提下适当减小油门幅度，不仅能节省汽油，还能降低车厢内的噪声。在保证安全的条件下提前轻踩刹车同样能省油，因为在相同的行驶路段内，刹车距离的增加就意味着踩油门距离的缩短。

（2）可以滑行，但不要放空挡

首先要澄清一个概念：空挡滑行是否省油？目前市场上销售的车型绝大多数都是电喷车，电喷车在空挡滑行时发动机系统按照怠速条件喷油，挂挡滑行时分为两种情况：当转速高于怠速时，发动机系统停止喷油，当转速回落到怠速范围后，才按照怠速条件进行喷油，因此电喷车空挡滑行时并不是最省油的状态。所以在条件允许的情况下，多进行一些挂挡滑行。

（3）合适的挡位与车速

换挡时机尽量选择在2500～3000转/分钟之间，这样能在保证动力供应的前提下得到比较好的经济性。不要太早或太晚换挡，太早了动力不足；太晚了油耗增加。车速可以控制在每小时70～90千米，这同样是在油耗和速度之间找一个比较好的平衡点，太快了油耗增加；太慢了影响效率。

（4）合理使用空调

合理使用空调也能降低油耗。在春天或秋天温度适宜的时候，时速小于60千米时可以开窗通风，而不必开空调，或者只用空调的通风功能，而不用它的制冷功能，这样空调压缩机就不会启动，从而省油。但在时速高于90千米时则不建议开窗通风，因为此时的空气阻力很大，开空调反而更省油。

（5）路线规划有学问

俗话说"条条大路通罗马"，我们到达目的地的途径往往不止一条。因此上路之前规划线路是非常必要的，正确的路线往往能事半功倍，油耗自然也会降低。我们在选择路线时应该遵循以下原则：多环路（高架）、少城路；多右转、少左转；多大路、少小路。在时间和路线上尽量避开堵车的路段，因为堵车时的油耗是相当高的。

（6）冬季预热，但时间别太长

冬季早上起来着车时，最好先进行一下预热，这样对于延长和保护发动机的寿命都有好处，但时间不宜过长，只要看到水温表从最低上升到刻度范围内，就可以起步了，否则就会无谓地增加油耗。

（7）重视新车磨合期

磨合期的驾驶方法正确与否，对于日后发动机燃油经济性的影响也是很大的。因此一定要牢记时速不超过80千米、发动机转速不超过4000转/分钟等"雷打不动"的新车磨合期驾驶原则，千万不要"破戒"。

(8)精心的保养

按时到服务站去保养是必须的，此外，还要给自己的爱车加一些"小灶"：例如使用品质更好的、更符合爱车要求的润滑油，或者考虑使用一些口碑比较好的燃油添加剂，这虽然在一定程度上会增加费用的支出，但能在油耗和发动机寿命上给车主以回报。

(9)正常的胎压

测试表明：轮胎气压低于正常值时，油耗会明显增加；而高于正常值时，油耗会略有降低。但由于胎压过高会增加爆胎的危险，因此要尽量保持在正常胎压值范围内。另外，由于不同的胎压表读数可能会有差别，因此车主最好自己准备一块胎压表，以便随时检查。

(10)正常的载荷

车上不要经常装一些平时用不着的东西，例如很多人车上都装有运动鞋、网球拍、足球等体育用品，但可能几个月或者半年都用不上一次。类似的物品会增加车辆的负载，日久天长也会增加无谓的油耗。

变速器为什么与发动机连接？

发动机通过飞轮将动力传给变速器。

手动变速器的离合器安装在发动机飞轮上，变速器输入轴与离合器摩擦片的花键连接，发动机工作时，飞轮和离合器一起转动，此时发动机的动力即可通过离合器来传递（图2-11）。

对于自动变速器则是将液力变矩器与发动机飞轮连接（图2-12）。

液力变矩器装有三种叶轮：与发动机相连的叫"泵轮"；与输出轴相连的叫"涡轮"；在它们内周中央，起调节作用的叫"导轮"。

发动机工作时，飞轮和泵轮一起旋转，带动泵内的油推动涡轮叶轮旋转。这就好像把两个风扇面对面地放在一起，开动一个风扇，另一个风扇也会转动一样。导轮使涡轮甩出的油再次冲击泵轮，使得扭矩增大。泵轮和涡轮的转速差别越大，扭矩就增加得越多，这就起到了变速器增大扭矩的作用。液力变扭器再配上一个行星齿轮变速器，可以改变不同的变速比和实现倒车，完全可以满足汽车的使用要求。

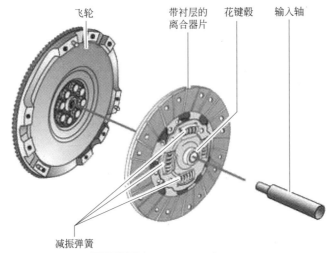

图 2-11　手动变速器离合器

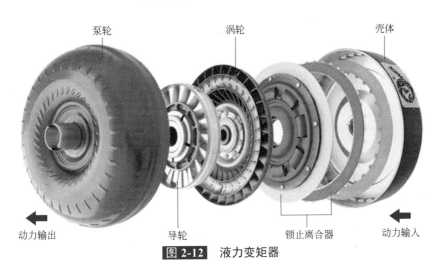

图 2-12　液力变矩器

 ## 变速器各个模块有什么用？

常见的组成部分有液力变矩器、行星齿轮机构、离合器、制动器、油泵、滤清器、管道、控制阀体、速度调压器等，按照这些部件的功能，可将它们分成液力变矩器、行星齿轮机构、液压自动换挡控制系统、电控系统、冷却和滤油装置五大部分（图2-13）。

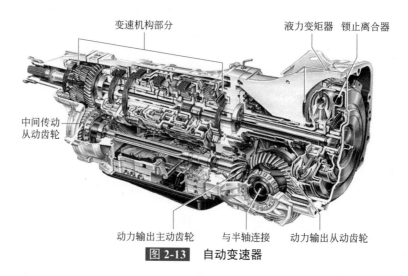

图 2-13　自动变速器

（1）液力变矩器

当发动机曲轴后端带动变矩器泵轮旋转时，泵轮便带动其腔内油液一起旋转，即绕其轴线做圆周运动，在离心力的作用下，油液从泵轮外缘甩出，高速冲入涡轮转动，将油液的动能转换成涡轮的机械能，由输出轴输出。油液从涡轮流出后进入导轮叶片间的通道，然后又流回泵轮，变矩器中的油液循环流动的过程实现动力传递，并代替离合器的功能（图2-14）。

图 2-14　液力变矩器

（2）行星齿轮机构

行星齿轮可绕自己的轴线回转（自转），又可随着行星架一起绕其固定轴线旋转（公转）。若三机件均自由转动，则行星齿轮结构不能够传递动力。将其中一个基本构件强制固定不动或使其运动受到一定的约束，再将另外两个构件中的一个作为主动件，另一个作为从动件，即可实现动力传递（图2-15）。

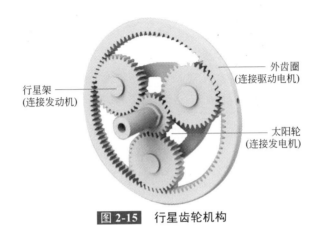

图 2-15 行星齿轮机构

（3）液压自动换挡控制系统

液压自动换挡控制系统是由各种滑阀组成的控制系统。汽车在行驶过程中，根据发动机的转速、负荷、路况及驾车人意图的需要，通过液阀控制液压，使离合器和制动器在一定的条件下起作用，从而使行星齿轮系统自动地换挡。同时，它还保证变速器各部位的润滑，使变速器得到可靠的散热和冷却（图2-16）。

图 2-16 换挡阀体

（4）电控系统

电脑将节气门位置传感器、车速传感器和控制开关输入的信号与存储器中的换挡参数进行比较计算或逻辑判断，从而确定控制换挡执行机构是否换挡或锁止液力变矩器。电控系统包括变矩器锁止电磁阀、换挡电磁阀、停车挡锁止电磁阀、停车挡和空挡启动开关等。

（5）冷却和滤油装置

液压油在传动过程中，因冲击和摩擦生热，又吸收机件的热量，使油温升高，降低传动效率和润滑能力，因而必须用冷油器使油液在水箱内（或外部）与冷却液（或空气）进行热量交换，保证油温为 80～90 摄氏度。另外，工作中产生的金属杂质也应及时分离，这是由滤油器来完成的。

第三章
传动行驶系统知识

 汽车是怎样行驶的?

（1）动力的传动路线

前驱车辆：发动机→离合器→变速箱→差速器→半轴→前轮（图3-1）。

图 3-1　前驱车辆

后驱车辆：发动机→离合器→变速箱→万向节→传动轴→万向节→减速器→差速器→半轴→后轮（图3-2）。

图 3-2　后驱车辆

混合空气在气缸内燃烧推动活塞往复运动，使曲轴转动，通过离合器与变速器连接，再通过传动轴驱动车轮转动，从而驱动汽车行驶（跑起来）。

（2）车辆行驶的要素

汽车之所以能在道路上飞快地行驶，是因为它具有燃料系统、发动机、传动系统、轮胎等装置。其中，燃料系统用以储存和输送燃料，发动机能将燃料的化学能转化为机械能，传动系可以将机械能传给车轮，驱动车轮转动。

汽车被启动后，汽油或柴油等燃料在发动机的气缸内燃烧，气缸内的气体迅速膨胀，推动活塞运动，产生动力。这种动力由发动机输出，经过汽车的传动系统传至驱动轮，使驱动轮转动，驱动轮向地面施力，地面同时给车轮一个反作用力，即牵引力。在牵引力的带动下，汽车就会向前行驶。发动机持续运转，动力被源源不断地送至驱动轮，汽车就可以在道路上自由驰骋了。

2 离合器有什么用？

汽车从起步到正常行驶的整个过程中，驾驶员都要根据需要操纵离合器，使发动机和传动系统暂时分离或逐渐接合，以切断或传递发动机向传动系统输出的动力。

（1）降低扭振冲击

汽车发动机的输出扭矩通常是不平稳的，在运行冲程，发动机本身的传动系统具有的惯性可降低扭振，但剩余的冲击力仍然对后续的变速箱、传动轴产生不利影响，而离合器中的减振弹簧，可显著降低发动机带来的扭振冲击，延长变速齿轮寿命（图3-3）。

图 3-3　摩擦片上的减振弹簧

（2）方便汽车换挡

在汽车的驾驶过程中，常常会涉及变挡，来适应不同的行驶环境需求，而换挡的时候，就会使用到离合器。离合器可以将发动机与变速箱暂时分离，利用离合器使发动机和变速箱暂时分离后进行换挡，则原来啮合的一对齿轮因载荷卸除，啮合面间的压力大大减小，就容易分开，如果没有离合器，啮合齿面间的压力很大而难以分开，且容易损坏机件（图3-4）。

（3）防止传动系统压力过大而损坏

汽车紧急制动时，车轮突然急剧降速，而与发动机相连的传动系统由于旋转的惯性，仍保持原有转速，这往往会在传动系统中产生远大于发动机转矩的惯性矩，使传动系统的零件容易损坏。

图 3-4　换挡杆

（4）利于汽车起步

汽车在启动前是静止的，因为发动机与变速箱是刚性连接，一旦挂上挡，汽车将由于突然接上动力而前冲，不但会造成机件的损伤，而且驱动力也不足以克服汽车前冲产生的巨大惯性力，使发动机转速急剧下降而熄火（图3-5）。

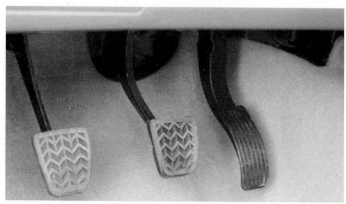

图 3-5　离合器踏板

如果在起步时利用离合器暂时将发动机和变速箱分离，然后离合器逐渐接合，由于离合器的主动部分与从动部分之间存在着滑磨的现象，可以使离合器传出的扭矩由零逐渐增大，而汽车的驱动力也逐渐增大，从而让汽车平稳地起步（图3-6）。

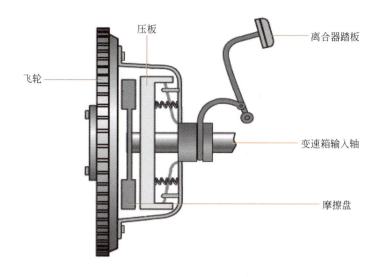

图 3-6 离合器

 离合器的摩擦原理是怎样的?

离合器由主动部分(图 3-7)、从动部分、压紧机构和操纵机构四部分组成。

主动部分包括飞轮、离合器盖和压盘。离合器盖用螺栓固定在飞轮上,压盘后端圆周上的凸台伸入离合器盖的窗口中,并可沿窗口轴向移动。这样,当发动机转动时,动力便经飞轮、离合器盖传到压盘,并一起转动。

图 3-7 主动部分

从动部分包括从动盘和从动轴。从动盘带有双面的摩擦片，离合器正常接合时分别与飞轮和压盘相接触；从动盘通过花键毂装在从动轴的花键上，从动轴是手动变速器的输入轴（一轴），其前端通过轴承支承在曲轴后端的中心孔中，后端支承在变速器壳体上。压紧机构有若干根沿圆周均匀布置的压紧弹簧，它们装在压盘与离合器盖之间，用来将压盘和从动盘压向飞轮，使飞轮、从动盘和压盘三者压紧在一起（图3-8）。

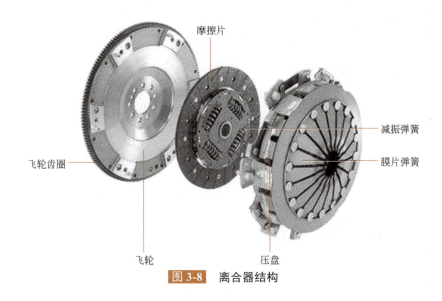

图 3-8　离合器结构

操纵机构包括离合器踏板、分离拉杆、调节叉、分离叉、分离套筒、分离轴承、分离杠杆、回位弹簧等。

（1）工作原理

❶ 接合状态。离合器在接合状态下，操纵机构各部件在回位弹簧的作用下回到各自位置，分离杠杆内端与分离轴承之间保持一定的间隙，压紧弹簧将飞轮、从动盘和压盘三者压紧在一起，发动机的转矩经过飞轮及压盘通过从动盘两摩擦面的摩擦作用传给从动盘，再由从动轴输入变速器。

❷ 分离过程。分离离合器时，驾驶员踩下离合器踏板，分离套筒和分离轴承在分离叉的推动下，先消除分离轴承与分离杠杆内端之间的间隙，然后推动分离杠杆内端前移，使分离杠杆外端带动压盘克服压紧弹簧作用力后移，摩擦作用消失，离合器的主、从动部分分离，中断动力传动。

❸ 接合过程。接合离合器时，驾驶员缓慢抬起离合器踏板，在压紧弹簧的作用下，压盘向前移动并逐渐压紧从动盘，使接触面间的压力逐渐增加，摩擦力矩也逐渐增加；当飞轮、压盘和从动盘之间接合还不紧密时，所能传动的摩擦力矩较小，离合器的主、从动部分有转速差，离合器处于打滑状态；随着离合器踏板的逐渐抬起，飞轮、压盘和从动盘之间的压紧程度逐渐紧密，主、从动部分的转速也渐趋相等，直到离合器完全接合而停止打滑，接合过程结束。

（2）离合器自由间隙和离合器踏板自由行程

离合器在正常接合状态下，分离杠杆内端与分离轴承之间应留有一个间隙，一般为几毫米，这个间隙称为离合器自由间隙。如果没有自由间隙，从动盘摩擦片磨损变薄后压盘将不能向前移动压紧从动盘，这将导致离合器打滑，使离合器所能传动的转矩下降，车辆行驶无力，而且会加速从动盘的磨损。

为了消除离合器的自由间隙和操纵机构零件的弹性变形所需要的离合器踏板行程称为离合器踏板自由行程，可以通过拧动调节叉来改变分离拉杆的长度对踏板自由行程进行调整。

4 分动器是做什么用的？

在多轴驱动的汽车上，为了将变速器输出的动力分配到各驱动桥，一般装有分动器（图3-9）。分动器的基本结构也是一个齿轮传动系统，其输入轴直接或通过万向传动装置与变速器第二轴相连，而其输出轴则有若干个，分别经万向传动装置与各驱动桥连接。

分动器一般装于多桥驱动汽车的变速器之后，用于传递和分配动力至各驱动桥，兼作副变速器之用。常设两个挡，低挡又称为加力挡。为了不使后驱动桥超载，常设联锁机构，使只有接合前驱动桥以后才能挂上加力挡，并用于克服汽车在坏路面上和无路地区较大的行驶阻力及获得最低的稳定车速（在发动机最大转矩下一般为2.5～5千米/小时）；高挡为直接挡或为减速挡。

图 3-9　分动器

（1）分动器的分类

❶ 不带轴间差速器的分动器。各输出轴具有相同转速，而转矩分配则与该驱动轮的阻力及其传动机构的刚度有关。这种结构的分动器在挂低挡时同时接通前驱动桥，挂高挡时前驱动桥与传动系统分离，使其变为从动桥，以避免发生功率循环并降低汽车在好路面上行驶时的动力消耗及轮胎等的磨损。

❷ 带轴间差速器的分动器。各输出轴可以不同的转速旋转，而转矩分配则由差速器传动比决定。据此，可将转矩按轴荷等比例地分配到各驱动桥。装用这种分动器的汽车，不仅挂加力挡时，而且挂分动器高挡时都可以得到全轮驱动，以充分利用附着质量及附着力，提高汽车在各种路面上的牵引性能。轴间差速器可消除多桥驱动汽车的功率循环，但却降低了汽车的抗滑能力，故常需加装差速锁。

❸ 装超越离合器的分动器。利用前后轮的转速差使后轮滑转时自动接上前驱动桥，倒挡时则用另一个超越离合器工作。

（2）分动器的作用

在多轴驱动的汽车上，为了将输出的动力分配给各驱动桥而设有分动器。分动器一般都设有高低挡，以进一步扩大在困难地区行驶时的传动比及排挡数目。

分动器的作用就是将变速器输出的动力分配到各驱动桥，并且进一步增大扭矩。分动器也是一个齿轮传动系统，它单独固定在车架上，其输入轴与变速器的输出轴用万向传动装置连接，分动器的输出轴有若干根，分别经万向传动装置与各驱动桥相连。

大多数分动器由于要起到降速增矩的作用而比变速箱的负荷大，所以分动器中的常啮齿轮均为斜齿轮，轴承也采用圆锥滚子轴承支承。

（3）分动器的工作原理

分动器各轴均用两个圆锥滚子轴承支承，其轴承松紧度用相应的调整垫调整。

越野汽车在良好道路上行驶时，为减少功率消耗及传动系统机件和轮胎磨损，一般要切断通往前桥的动力。越野行驶时，若需低速挡动力，则为了防止后桥和中桥超载，应使低速挡动力由所有驱动桥分担。为此，对分动器操纵机构有如下要求：若非先接上前桥，不得挂上低速挡；若非先退出低速挡，不得摘下前桥。

5 前置前驱有什么特点？

前置前驱（Front Engine Front Wheel Drive，简称FF）车辆的发动机安装在车身的前面，并由前轮驱动。动力和动力传递装置都设置在车身前部，使得车身前部所承受的载荷较大（图3-10）。

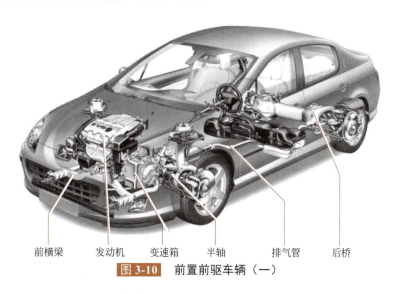

前横梁　发动机　变速箱　半轴　排气管　后桥

图3-10 前置前驱车辆（一）

它的特点是头重尾轻，整车的 6 成以上重量集中在前段，由于车体被前轮"拉着走"，因此 FF 车辆的直线行驶稳定性非常好。

前置前驱是发动机经插速器后用半轴直接驱动前轮，不需经传动轴，动力损耗较少，所以适合小车型。前置前驱车后排座椅间少了后驱车必有的传动凸包，后座的乘员再也不用缩脚挤在狭窄的空间里。

前置前驱是绝大多数轿车上比较盛行的驱动形式，但货车和大客车基本上不采用该形式。这种布置形式目前主要在发动机排量为 2.5 升以下的乘用车上得到广泛应用（图 3-11）。

图 3-11　前置前驱车辆（二）

前置前驱车辆的优点：

❶ 省略了传动轴装置，减轻了车重，结构比较紧凑；

❷ 有效地利用了发动机舱的空间，驾驶室内空间更为宽敞，并有利于降低地板高度，提高乘坐舒适性；

❸ 发动机靠近驱动轮，动力传递效率高，燃油经济性好；

❹ 发动机等总成前置，增加了前轴的负荷，提高了轿车高速行驶时的操纵稳定性和制动时的方向稳定性；

❺ 简化了后悬架系统；

❻ 在积雪或易滑路面上行驶时，靠前轮牵拉车身，有利于保证方向稳定性；

❼ 汽车散热器布置在汽车前部，散热条件好，发动机可得到足够的冷却；

❽ 后备厢布置在汽车后部，所以有足够大的空间。

6 前置后驱有什么特点？

前置后驱（Front Engine Rear Wheel Drive，简称 FR）是指将发动机放置在车前部而用后轮驱动，如图 3-12 和图 3-13 所示。FR 车辆在轴荷分配上比 FF 车辆平均，一般可以达到 50∶60 的最佳比例，因此它拥有较佳的操控性能和行驶稳定性。理论上 FR 车辆在过弯时的最高速度会更快，但是，由于汽车前轮直接受转向系统支配，已经改变了行驶方向，而后面的驱动轮仍有向前的惯性，所以容易出现转向过度现象。

图 3-12　前置后驱车辆（一）

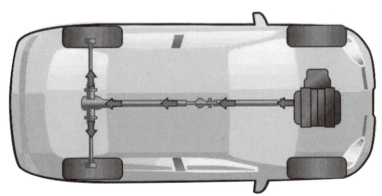

图 3-13　前置后驱车辆（二）

前置后驱车辆具有如下优势：

❶ 在良好的路面上启动、加速或爬坡时，驱动轮的负荷增大（即驱动轮的附着压力增大），其牵引性能比前置前驱形式优越；

❷ 轴荷分配比较均匀，因而具有良好的操纵稳定性和行驶平顺性，并有利于延长轮胎的使用寿命；

❸ 发动机、离合器和变速器等总成临近驾驶室，简化了操纵机构的布置；

❹ 转向轮是从动轮，转向机构结构简单、便于维修。

7 后置后驱有什么特点？

发动机布置在汽车后部，与差速器和手动变速器连成一体，后轮为驱动轮，发动机布置在后桥后方，为后置后驱（图 3-14）。

图 3-14　后置后驱

后置后驱车辆具有如下优点：

❶ 由于横摆力矩小，车辆操纵非常灵活；

❷ 良好的启动和爬坡性能，而且几乎与负荷状态无关；

❸ 由于发动机、变速器和差速器连成一体，所以力的传递路线很短；

❹ 由于前轮负荷小，所以转向轻便；

❺ 制动力分配合理；

❻ 前悬架构造简单；

❼ 发动机易于拆卸；

❽ 车身底板上，没有隆起的通道或者只有很小的通道；

❾ 前面可以使用小悬架。

8 中置后驱有什么特点？

即发动机中置、后轮驱动（Middle Engine Rear Drive，简称 MR），是大多数运动型轿车和方程式赛车所采用的形式。此外，某些大、中型客车也采用该形式，但采用该形式的货车很少。

中置后驱的车如保时捷的 Boxter 和 Cayman，部分 911 车型采用的也是中置后驱，日产的 GTR 采用的也是中置后驱（图 3-15）。

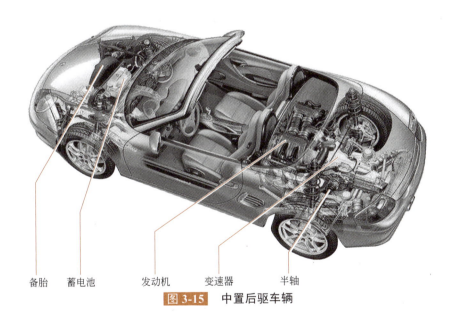

图 3-15　中置后驱车辆
（备胎　蓄电池　发动机　变速器　半轴）

中置发动机的最大优点是具有极为优异的转向特性。在转向时，一转动方向盘，汽车很快就跟着转向，两者间的时间差非常短，车身紧随转向动作的性能特别好。

中置后驱车辆的另外一个优点就是起步和加速性能较好。因为当起步或减速时，整车的重量向后移动，从而增加了后轮对地面的附着力，驱动力再大也很难使轮胎打滑。

四轮驱动有哪些优势？

四轮驱动，又称全轮驱动，是指汽车前后轮都有动力。可按行驶路面状态不同而将发动机输出扭矩按不同比例分布在前后所有的车轮上，以提高汽车的行驶能力。

四轮驱动一般用4×4或4WD来表示，如果你看见一辆车上标有上述字样，那就表示该车辆拥有四轮驱动的功能（图3-16）。

图3-16　四轮驱动尾标

过去只有越野车采用四轮驱动，一般的越野车，变速器后面装有手动分动器，前后车轴各装一个称为驱动桥的部件。变速器输出的扭矩通过分动器和传动轴，分别传递到前后车轴上的驱动桥，再通过驱动桥将扭矩传递到车轮上。有些轿车及SUV车型也采用四轮驱动装置，比如奥迪A4 quattro、Q7，三菱欧蓝德四驱版。

四轮驱动是公路过弯极限最高的传动方式，它可以实现车辆高速过弯时每个车轮分配到最佳的驱动力。因此这种技术被大量应用于追求操控性能的大排量轿车，而装配它们的主要目的就是为了提高有效驱动力和过弯极限（图3-17）。

图 3-17　四轮驱动

10 什么是分时四驱？

分时四驱（Part-Time 4WD）是四驱汽车驱动系统的一种形式，是指可以由驾驶者根据路面情况，通过接通或断开分动器来变化两轮驱动或是四轮驱动模式，从而实现两驱和四驱自由转换的驱动方式。分时四驱车辆平常只利用前轮或是后轮的驱动来行驶，在积雪或石砾路面上能切换成四轮驱动来行驶，也叫选择四轮驱动，这也是越野车或是四驱 SUV 最常见的驱动模式。

发动机的动力按照变速器、分动器、前后传动轴、主减速器和差速器、驱动轴、车轮的顺序进行传输。分时四驱结构示意如图 3-18 所示。

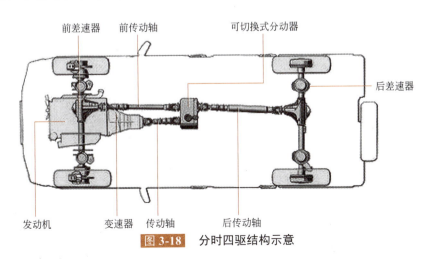

图 3-18　分时四驱结构示意

分时四驱的工作原理如下。

在用四轮驱动行驶时，分动器用来向其他未驱动的两轮传递动力。普通的分动器在切换两轮驱动与四轮驱动的同时，还能够变换高速和低速。例如在有5挡前进挡的情况下，它的结构可以分成在普通路面上行驶的5挡（4WD.H或2WD.H）和在凹凸路面上行驶的5挡（4WD.L）。

输入轴通过花键啮合在变速器的输出轴上，然后利用辅助换挡齿轮将动力从输出轴传递给后传动轴。而前驱动齿轮连接在前传动轴上，向前轮传递动力。移动分动器换挡杆后，两个离合器套也移动，而离合器套A切换辅助换挡齿轮。当啮合了输入轴的时候，挡位为高速挡（H），而如果与右侧的低速挡齿轮啮合，则变速器的转动通过副齿轮被减速，变为低速挡（L）。

离合器套B切换驱动轮，利用离合器套B连接输出轴与分动器驱动齿轮，通过空转齿轮和前驱动齿轮，向前轮传递动力，使车辆在四轮驱动状态下行驶。除了这种手动切换的分时四轮驱动外，最近还出现了可自动控制的四轮驱动，它根据当时的行驶状况，利用电子控制装置来控制所传递的驱动动力的大小。

什么是适时四驱？

适时四驱又称为实时四驱，是最近几年发展起来的技术，它由电脑芯片控制两驱与四驱的切换。该系统的显著特点就是它在继承全时四驱和分时四驱的优点的同时弥补了它们的不足。它能自行识别驾驶环境，根据驾驶环境的变化控制两驱与四驱两种模式的切换。在颠簸、多坡、多弯等附着力低的路面，车辆自动设定为四轮驱动模式，而在城市路面等较平坦的路况上，车辆会自行切换为两轮驱动（图3-19）。

相比全时四驱，适时四驱的结构要简单得多，这不仅可以有效地降低成本，而且有利于降低整车重量。由于适时四驱的特殊结构，它更适合于前横置发动机前驱平台的车型配备，这使得许多基于这种平台打造的SUV或者四驱轿车有了装配四驱系统的可能。前驱平台相对于后驱平台更有利于拓展车内空间、传动效率更高、传动系统的噪声更小。这些优点对于小型 SUV，特别是发动机排量较小的 SUV 来说显得尤其重要。

图 3-19　适时四驱

由于全时四驱的结构复杂，传动部件多而重，会极大地降低动力的响应性，如果小排量发动机装备全时四驱，会明显感觉到动力不足。不仅如此，由于全时四驱的功耗大，显著影响了汽车的经济性，而适时四驱可以很好地兼顾经济性。

全时四驱有什么优势？

全时四驱就是任何时间，车辆都是四个车轮独立驱动的装置（图 3-20）。英文把"All Wheel Drive"简写"AWD"，以有别于 2WD（分为 FWD 和 RWD）。全时四驱通过一个柔性连接的中央差速器，再通过前轴和后轴的独立差速器，把驱动力分配到四个车轮。与纯机械式差速锁不同的是，全时四驱的差速器可以是黏结耦合式，也可以是多离合式，但相同的是都可以允许前后轮、左右轮之间有一个转速差。车辆是否是全时四驱完全取决于分动器的构造。作为控制车辆不同驱动状态的核心部分，可以说分动器在一定程度上决定了整车的性能。

第三章　传动行驶系统知识

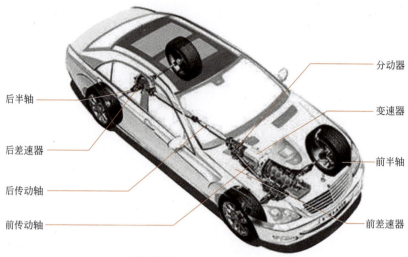

图 3-20　全时四驱结构示意

全时四驱优势：

① 在所有路况条件下都具有更大的牵引力，特别是在湿滑和冬季条件下；

② 起步和爬坡能力增加，并与加载情况无关；

③ 低挡下的加速性能更佳，尤其对于大功率发动机；

④ 对侧风的敏感性降低；

⑤ 在泥泞和踩实的雪地上行驶时，能保持稳定性；

⑥ 更好的防滑水表现；

⑦ 特别适合牵引拖车；

⑧ 平衡的轴荷分配；

⑨ 转矩转向效应降低；

⑩ 均匀的轮胎磨损。

13　限滑差速器起什么作用？

限滑差速器，英文名为 Limited Slip Differential，简称 LSD。限滑差速器，顾名思义就是限制车轮滑动的一种改进型差速器，指两侧驱动轮转速差值被允许在一定范围内，以保证正常的转弯等行驶性能的一类差速器（图 3-21）。

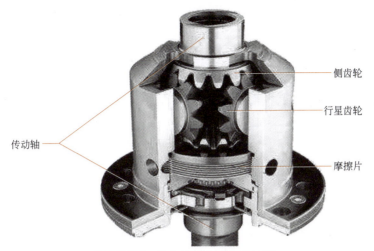

图 3-21　带摩擦片的限滑差速器

　　差速器确实使得车辆在过弯时更顺畅，但是由于本身的机构限制，它也存在着弱点：在装了差速器的驱动轮中，当其中的一个车轮受到外界的阻力大于另一个车轮时，差速器就会分配多点动力给受阻力小的那个车轮，这也是我们经常看到当汽车陷在泥潭里时，车轮空转，车辆会越陷越深的原因（有轮胎接触的是泥泞路面，摩擦力小于其他轮胎，动力完全分配给这个轮胎）。

　　限滑差速器的作用就是限制两个轮胎的转速差。汽车过弯时，由于离心力的作用，外侧的轮胎会受压，内侧的轮胎会被往上推，所以外侧轮胎所受的摩擦力比内侧轮胎大，这时候差速器就会分配多点动力给内侧轮胎，这样就很危险，在驾驶者不主动做出起漂（为产生漂移所做的动作）动作的前提下，车辆容易转向过度，即车辆的转向比实际驾驶者所期望的要大，车头往内弯，车尾往外甩。装了 LSD，就限制了两个轮胎的转速差，保证了车辆过弯的循迹性。

传动轴有什么用？

　　传动轴是汽车传动系统中传递动力的重要部件，它的作用是与变速箱、驱动桥一起将发动机的动力传递给车轮，使汽车产生驱动力。

（1）发动机前置前驱车辆

在发动机前置前驱车辆中，传动轴通常制成分段式，用在转向驱动桥和断开式驱动桥中，用于连接差速器和驱动轮，这种传动轴通常也被称为半轴（图3-22）。

图 3-22　前置前轮驱动轴

半轴是在差速器与驱动轮之间传递动力的实心轴，其内端花键与差速器的半轴齿轮相连接，而外端则用凸缘与驱动轮的轮毂相连接，半轴齿轮的轴颈支承在差速器壳两端轴颈的孔内，而差速器壳又以其两侧轴颈借助轴承直接支承在主减速器壳上。

（2）发动机前置后驱车辆

在发动机前置后驱车辆中，传动轴通常制成万向调节式，采用万向传动装置。万向传动装置一般由万向节、传动轴、中间支承等组成（图3-23）。

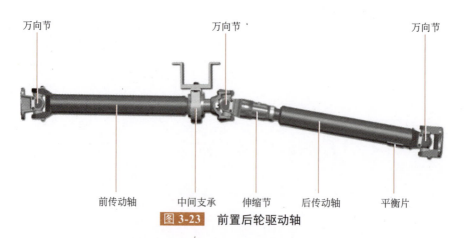

图 3-23　前置后轮驱动轴

变速驱动桥的原理是怎样的?

车辆驱动桥轮组,包括轮边减速器、制动器总成、轮毂总成、转向节、支承轴总成、轮边传动轴、上摆臂联结总成、下摆臂联结总成,支承轴总成为一个空心轴,轮边传动轴贯通支承轴总成的内部,并接至轮边减速器,轮毂总成安装在支承轴总成上。驱动桥(图3-24)处于动力传动系统的末端,其基本功能是增大由传动轴或变速器传来的转矩,并将动力合理地分配给左、右驱动轮,另外还承受作用于路面和车架或车身之间的垂直力、纵向力和横向力。驱动桥一般由主减速器、差速器、车轮传动装置和驱动桥壳等组成。

驱动桥的工作原理如下。

❶ 将万向传动装置传来的发动机转矩通过主减速器、差速器、半轴等传到驱动车轮,实现降速、增大转矩。

❷ 通过主减速器圆锥齿轮副改变转矩的传递方向。

❸ 通过差速器实现两侧车轮差速作用,保证内、外侧车轮以不同转速转向。

图 3-24 驱动桥

怎么看轮胎的数据?

轮胎型号标记大多是这样的:225/50R17 98H(图3-25)。

225表示胎面宽度,单位是毫米,宽度尺寸间隔都是10毫米,例如:185毫米、205毫米、235毫米等。

图 3-25　轮胎型号标记

50 表示扁平比，是轮胎胎壁高度和胎面宽度的比例，50 代表 50%，一般家用车轮胎的扁平比在 30% ~ 80% 之间，正常情况下，普通轿车轮胎的扁平比都大于 75%，高性能跑车推荐采用扁平比 40% 的轮胎。

R 是英文 Radial 的缩写，表示轮胎为子午线轮胎；17 表示轮毂的外径，单位是英寸（1 英寸 = 2.54 厘米，下同）。

一般情况下车主最好直接选择与原厂尺寸数据相同的替换轮胎产品，原厂轮胎尺寸是厂商经过设计验证与原车动力传动最为匹配的轮胎型号，所以尽量不要改动轮胎尺寸。

98 指的是轮胎的载重等级，每条轮胎可承载 750 千克。载重等级对照见表 3-1。

表 3-1　载重等级对照

轮毂宽度 / 英寸	对应轮胎胎宽 / 毫米		
	最小胎宽	最佳胎宽	最大胎宽
5.5J	175	185	195
6.0J	185	195	205
6.5J	195	205	215
7.0J	205	215	225
7.5J	215	225	235
8.0J	225	235	245

续表

轮毂宽度/英寸	对应轮胎胎宽/毫米		
	最小胎宽	最佳胎宽	最大胎宽
8.5J	235	245	255
9.0J	245	255	265
9.5J	265	275	285
10.0J	295	305	315
10.5J	305	315	325

注：J 代表轮毂凸缘的形状和高度。

H 代表的是速度等级，最高速度 210km/h。速度等级见表 3-2。

表 3-2　速度等级　　　　　　　　　　单位：千米 / 小时

等级	速度	等级	速度	等级	速度
A1	5	D	65	Q	160
A2	10	E	70	R	170
A3	15	F	80	S	180
A4	20	G	90	T	190
A5	25	J	100	U	200
A6	30	K	110	H	210
A7	35	L	120	V	240
A8	40	M	130	W	270
B	50	N	140	Y	300
C	60	P	150	ZR	> 240

轮胎的载重等级与速度等级级别是两个可变的参数，同等尺寸线，不同厂家或者不同级别的产品，载重等级和速度等级都有可能不同，这与轮胎的性能取向和设计定位都有关系，在选购时应在同等条件下，尽量选择载重等级和速度等级高一些的产品为好。

3T 指数就是在轮胎侧面看到常常连在一起的 TREADWEAR（耐磨指数）、TRACTION（牵引力指数）、TEMPERATURE（温度指数）三种标识（图 3-26）。

图 3-26　3T 指数

3T 指数来源于美国交通运输部所设立的 UTQGS 标准，全称为 Uniform Tire Quality Grading System（统一轮胎品质分级系统）。UTQGS 标准规定，轿车轮胎上必须有耐磨指数（TREADWEAR）、牵引力指数（TRACTION）、温度指数（TEMPERATURE）等标志，简称为"3T"指标。

TREADWEAR（耐磨指数）——衡量轮胎胎面耐磨性能和使用寿命，它的级别以具体数字表示。根据美国 UTQG 标志，耐磨指数在 160～300 之间的轮胎，为标准夏季轮胎；在 160～200 之间的轮胎为夏季高性能轮胎；而在 300～540 之间的轮胎为全天候标准型轮胎。

TRACTION（牵引力指数）——衡量轮胎与地面的附着性能，最为直接地体现轮胎的操控性能，分为四级：AA（优秀）、A（良好）、B（一般）、C（合格）。

TEMPERATURE（温度指数）——衡量轮胎行驶时升温的高低，实际上与轮胎高速行驶性能相关，分为三级：A（优秀）、B（良好）、C（一般）。

DOT 标记：表示这款轮胎产品通过了美国联邦交通部的标准认证，而后面的 8 位英文及数字代码表示生产商及生产厂的信息（图 3-27）。

标准格式：DOT ×××× ××××。

一般在 DOT 标志及参数后面的 4 位数字代表轮胎的生产日期，通过这个参数可以区分为库存胎和新品，选购时最好选择较新的轮胎（图 3-28）。

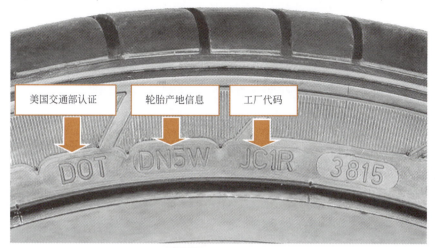

图 3-27　DOT 标记

图 3-28　轮胎生产日期

 怎么看单导向轮胎？

单导向轮胎的胎纹都是同一方向，设计目的是专供高速行驶，强调抓地力，因此胎块较大、横切纹少，且特别加强中央排水槽可使行经湿地时能快速排水，使湿地性能与非单导向轮胎相当或更好（图 3-29）。

图 3-29　单导向轮胎

单导向轮胎的特点是运动阻力小，速度级别高，操控性能好，外观时尚，而且是高性能轮胎的一致趋势。在没有不正常"吃胎"的情况下，使用单导向轮胎只需同一边前后对调，有单侧"吃胎"或行驶一万千米时的对调则需要拆下轮胎左右换装。随着科技的进步，不仅有单导向轮胎，更有单导向单侧（花纹不对称）轮胎的问世，后者不仅限制滚动方向，更限制安装在车辆的某侧（左或右）使用。

单导向轮胎胎侧都有箭头，后面有一个英文单词"Rotation"。这个箭头的指示方向就是轮胎的滚动方向，在安装的时候可以参考这个箭头（图3-30）。若前后轮胎装反（一种是装错了，一种是由于改装），因为前后都是一个方向，所以有时候会导致行驶过程中感到轮胎抖动。反装后抖动会好一些，但是反装的轮胎磨损会很快。

图 3-30　单导向轮胎胎侧箭头

18 什么是防爆胎？

我们常说的"防爆胎"，学名叫"泄气保用轮胎"，英文缩写 RSC。它的作用是在轮胎扎钉漏气时还能继续行驶（以 80 千米/小时的速度行驶 60～80 千米），但是泄气保用轮胎并不是不会爆胎。我们可以简单理解为轮胎胎壁厚度被加强，在泄气的时候能够支撑起汽车的重量并能以一定的速度行驶。真正意义上的防爆胎，基本上不会出现在我们的日常生活中，通常都是国家政要乘坐的防爆车辆和军用车辆才会选用。

此时就会有很多人问了，既然防爆胎的胎壁如此坚硬，把防爆胎的胎压放到最低，它可以完全支撑住车身吗？生活常识告诉我们这几乎是不可能的，再坚硬的橡胶毕竟不是钢铁，支撑不了一两吨重的车身。

防爆胎由于胎壁比较坚硬，在与地面接触时减振性能会差一点，在行车舒适性上肯定不如普通轮胎，胎噪大和安装不方便也是经常听到别人"吐槽"的地方。所以很多车主在换胎时都会换回普通轮胎，最重要的是，普通轮胎的价格也要便宜很多。

第四章
转向系统知识

 什么是转向助力？

转向助力是协助驾驶员做汽车方向调整，为驾驶员减轻转动方向盘的用力强度，当然，转向助力在汽车行驶的安全性、经济性上也起一定的作用（图4-1）。

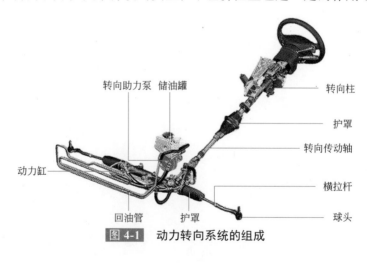

图 4-1 动力转向系统的组成

汽车上配置的助力转向系统大致可以分为三类，即机械式液压动力转向系统、电子液压助力转向系统以及电动助力转向系统。

2 什么是电动助力？

电动助力转向系统（Electric Power Steering，EPS）是一种直接依靠电机提供辅助扭矩的动力转向系统，与传统的液压助力转向系统（Hydraulic Power Steering，HPS）相比，EPS系统具有很多优点。

EPS主要由扭矩传感器、前轮轮速传感器、电机、减速机构和电子控制单元（ECU）等组成（图4-2）。

图4-2　电动助力转向系统

由于电动助力转向系统设计时不依赖于发动机而且没有液压油管，对寒冷天气不敏感，系统即使在-40摄氏度时也能工作，所以提供了快速的冷启动。由于该系统没有启动时的预热，节省了能量。不使用液压泵，避免了发动机的寄生能量损失，提高了燃油经济性，装有电动助力转向系统的车辆和装有液压助力转向系统的车辆对比实验表明，在不转向情况下，装有电动助力转向系统的车辆燃油消耗降低2.5%，在转向情况下，燃油消耗降低了5.5%。

在电动助力转向系统中，电动助力机与助力机构直接相连可以使其能量直接用于车轮的转向。该系统利用惯性减振器的作用，使车轮的反转和转向前轮摆振大大减小，因此转向系统的抗扰动能力大大增强。与液压助力转向系统相比，旋转力矩产生于电机，没有液压助力系统的转向迟滞效应，增强了转向车轮对方向盘的跟随性能。

汽车在转向时，转向传感器会"感觉"到方向盘的力矩和拟转动的方向，这些信号会通过数据总线发给电子控制单元，电子控制单元会根据传动力矩、拟转的方向等数据信号，向电机控制器发出动作指令，电机就会根据具体的需要输出相应大小的转动力矩，从而产生助力转向。

工用原理：当驾驶员转动方向盘时，与转向轴相连的转矩（转向角度）传感器不断地测出作用于转向轴上的力矩（方向），并将力矩转换为电信号，车速传感器产生车速信号传送给ECU。ECU根据这两个信号，经过运算处理后，向离合器和电机发出控制指令，即输出一个适合的电流，在离合器结合的同时，电机产生一个转矩。转矩经过减速机构减速增矩后，施加在输出轴上，输出轴的下端与齿轮齿条转向器总成中的小齿轮相连，于是由电机发出的转矩最后通过齿轮齿条转向器施加到汽车的转向机构上，使之得到一个与工况相适应的转向助力。

什么是液压助力？

机械液压助力，这种助力形式是我们最常见的一种，比较灵敏，操控精准，其技术经过多年的发展已经非常成熟。机械式的液压动力转向系统一般由液压泵、油管、控制阀、储油罐等部件构成（图4-3）。

这种助力方式是将一部分发动机动力输出转化成液压泵压力，对转向系统施加辅助作用力，从而使轮胎转向。

液压助力也有不足的地方,在不需要转向助力时,助力泵的运转不会停止,液压助力通过发动机取力,发动机会有一些动力的损失。

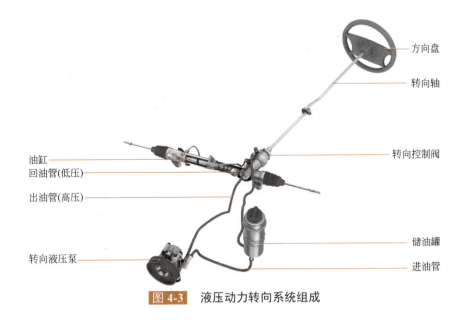

图 4-3　液压动力转向系统组成

吸能转向管柱在车辆碰撞事故中起什么作用?

吸能转向管柱在汽车发生碰撞时重新分配传到方向盘上的冲击力,将冲击力路径迅速分流,使得传递到方向盘上的载荷最小。吸能转向管柱由空心管和转向轴构成。传统吸能转向管柱的空心管和转向轴是整体式的,转向轴上端和方向盘连接,下端与方向器连接。而吸能转向管柱的特点是将整体式转向管柱一分为二,分为上转向管柱和下转向管柱两部分;里面的转向轴也分为两截,它们之间用万向节机构连接。一旦发生碰撞,令方向机构产生位移,万向节下端特制的转向轴会折叠,上转向管柱移入下转向管柱内,实现"缩进",从而扩大空间,降低伤害(图 4-4)。

吸能转向管柱的吸能形式有多种,有钢球和内套套筒、变形支架、变形条等几种形式以实现"缩进"。钢球和内套套筒连接形式中,上转向管柱和下转向管柱的一组钢球嵌在一个塑料内套套筒内。内套套筒是钢球的保持架，它与上、下转向管柱不直接接触，而是靠钢球相连。在这个总成中，一旦塑料内套套筒受到大负载冲击崩溃，改变了钢球的位置，就会使转向管柱向下位移。

图 4-4　吸能转向管柱（一）

吸能转向管柱的变形支架是通过金属的变形来吸收碰撞能量的。变形支架与下转向管柱相连，它使用拉脱安全锁，里面的塑性材料受到大负载冲击被剪切断开，会使下转向管柱和转向轴从支架中脱出并沿轴向移动，令上转向管柱和转向轴下移（图4-5）。

变形条与变形支架相似，它也是靠金属的变形吸收碰撞能量的。与变形支架不同，它占用的空间较小。一般变形条一端与车身相连，另一端固定在转向管柱上。碰撞时冲击力达到一定值的时候，转向管柱产生位移，变形条发生变形，从而达到吸能效果。

其作用如下。

❶ 汽车前部的转向管柱及转向轴在碰撞力的作用下要向后即驾驶员胸部方向运动，驾驶员受惯性的影响有冲向方向盘的运动。

❷ 能量一部分由约束装置加以吸收，另一部分传递给方向盘和转向管柱，

良好的汽车转向系统应能够保证驾驶员在汽车发生碰撞时受到的伤害最小，汽车吸能转向管柱的应用在汽车转向系统吸能方面起到较大作用。

❸ 吸能转向管柱在碰撞过程中的作用，论证了这种结构缩短了汽车正面碰撞时方向盘后移尺寸，降低了驾乘人员受二次伤害的程度，提高了汽车的被动安全性能。

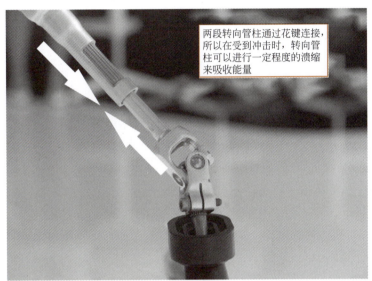

两段转向管柱通过花键连接，所以在受到冲击时，转向管柱可以进行一定程度的溃缩来吸收能量

图 4-5　吸能转向管柱（二）

5 转向助力泵有哪些类型？

转向助力泵按转向助力的类型来分可以分为 2 种：液压转向助力泵，主要助力来自转向助力油；电子转向助力电机，主要助力来自电动马达。

（1）液压转向助力泵

液压转向助力泵主要有叶片式、齿轮式、柱塞式等几种。从目前国内发展来看，推广使用最多的为叶片泵。主要零件有定子、转子、配油盘、叶片、泵体及后盖等。泵体内装有流量控制阀和安全阀。当泵工作时滑阀有一定开度，使流量达到规定要求，多余的流量又回到泵的吸油腔内。若油路发生堵塞或意外事故，使系统压力超过泵的最大工作压力时，安全阀打开，滑阀全部开启，所有压力油均回到吸油腔，对系统起到安全保护作用。

液压转向助力泵的使用与维护注意事项如下。

❶ 正确选择所用液压油的牌号，否则会影响泵的效率及寿命。

❷ 所用液压油必须清洁，经常检查，定期更换油泵吸油路上的滤油网。司机在加油时，必须备有过滤装置，确保油液的清洁度。经常检查、清洗或更换过滤装置，保持油路畅通。

❸ 若较长时间不使用液压转向助力泵，重新启动时，不得立即满负荷工作，至少应有10分钟的空载运转时间。

❹ 使用时应经常检查液压转向助力泵有无渗漏现象，运转是否正常，有无冲击或异常噪声，以便及时发现并排除故障。

液压转向助力泵（图4-6）的作用是在转向系统内形成高压，高压油管负责把助力泵的压力传递到转向器的油量调节阀内。油量调节阀安装在转向器外壳上，末端有小齿轮，用于与转向器内的齿条配合。动力气缸安装在转向器内，气缸中间有活塞隔开，把气缸分成上下两部分。

图4-6　液压转向助力泵

（2）电子转向助力电机

电子转向助力电机（图4-7）用来实现转向系统的助力，对助力电机的最低要求是：助力转矩大，转动惯量小，转矩波动小，功率密度大，易控制，可靠性高。目前电动助力转向系统普遍采用永磁直流有刷电机和直流无刷电机。永磁直流有刷电机技术成熟，控制器简单，成本低。直流无刷采用电子换向，无须维护，功率密度大，但成本较高。

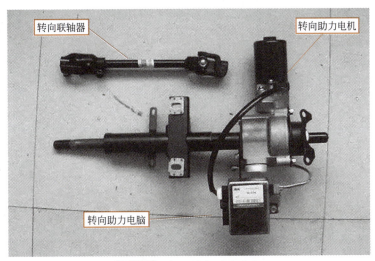

图 4-7　电子转向助力电机

电子转向助力电机具有如下优点。

❶ 节约了能源消耗。没有转向油泵,且电机只是在需要转向时才接通电源,所以动力消耗和燃油消耗均可降到最低。

❷ 对环境无污染。该系统应用电力作为能源,消除了由于转向油泵带来的噪声污染,也不存在液压助力转向系统中液压油的泄漏与更换而造成的污染。

❸ 改善了回正特性。由于采用了微电子技术,利用软件控制电机动作,在最大限度内调整设计参数以获得最佳的回正特性。

电动转向助力系统有什么优点?

电动转向助力系统的优点:降低车辆燃油消耗、回正性能好、易于维护等。

电动转向助力系统只在转向的时候电机才会供给动力,可以显著降低车辆燃油消耗。车辆使用的传统液压转向助力系统是由发动机带动转向助力泵工作的,不管是转向还是不转向,基本都要消耗一部分发动机的动力,而电动转向助力系统仅仅是在转向时才由电机供给助力,不转向时不消耗能量。电动转向助力系统可以通过软件进行调整,车辆在低速驾驶的过程中转向相当轻便,在高速驾驶的过程中车辆的操控性能相当好,驾驶员能够感受到清晰的路感,方向盘的回正性能好,提高了汽车的稳定性。

电动转向助力系统还可以施加必需的附加回正力矩或阻尼力矩,车辆在低速驾驶的状态下能够精准地将方向盘回到中间位置,在高速驾驶的过程中可以抑制方向盘发抖震动,兼顾了汽车高、低速时的回正性能,提高了安全驾驶性。

电动转向助力系统的结构简单,重量轻,有利于后期维护。

7 主动转向系统有什么用?

主动转向系统是在方向盘系统中装置了一套根据车速调整转向传动的变速箱。这个系统包含了一个拳头般大小的行星齿轮,以及两根输入轴。其中一根输入轴连接到方向盘,另一根则通过螺旋齿轮,由电动马达进行控制。当车速较低时,控制马达与转向管柱呈同方向转动,以增加转向角度;而当高速行驶时,控制马达呈反方向转动,从而减小转向角度(图4-8)。

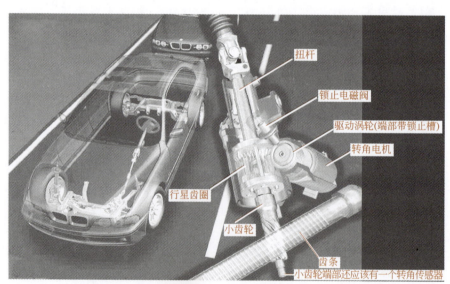

图 4-8 主动转向系统

主动转向系统的控制组件与引擎的电子零件、动态稳定控制系统(DSC)和两个偏航率传感器相连。依据这些系统提供的信息,它以平均每秒100次的运算速度，提供最实时、最理想的转向角度。系统通过测量转向角度，可以掌握驾驶者的意图。动态稳定控制系统依据车轮转动的圈数可以计算出车速，而偏航率传感器则可随时监控车辆垂直轴的稳定性。对于是否行驶在理想线路上或是有偏离路线的趋势，主动转向系统始终都能"明察秋毫"。

当发生特别紧急的情况时，例如闪避，几乎所有的汽车都会自然地发生转向过度的现象。主动转向系统在一开始就能察觉，并于毫秒时间之内相应地调整转向角度。也就是说，系统能在驾乘者不知不觉中自动地反转转向系统来平衡车身，从而提高了行车安全性。而如果主动转向系统自身不足以让车辆维持稳定的前进路线时，动态稳定控制系统将及时介入，降低引擎功率或对个别车轮施以刹车。

在纯粹的线控转向系统中，转向由电子信号控制，方向盘与车轮之间并没有直接的机械结构相连。配备了主动式转向系统，即使系统发生故障，仍然能进行转向动作，只不过其转向角度无法增加或减少。所有的信息分别在两台计算机中以不同方式进行分析，只有两台计算机得出的结果相同时指令才被接受，如果结果出现矛盾，系统就会自行关闭。

主动后轮转向系统的原理并不复杂，就是一套丝杠螺母机构，电机驱动螺母带动丝杠进行轴向移动。

这样的轴向移动会带动后轮进行小幅度的转向，当车速在60千米/小时以上时，后轮与前轮同向偏转，提高高速过弯的稳定性；在60千米/小时以下时则反向偏转，增加车辆的灵活性。

主动后轮转向系统的科技含量关键还是集中在调节系统上，工作时，它需要接收车辆各类的动态驾驶信号，然后才综合判断输出一个相适的转向角度，任何计算的失误基本都有可能导致车辆失去调节，特别是在车辆高速行驶时。

 什么是四轮定位？

汽车的四轮定位是行驶系统的重要参数，主要包括主销后倾、主销内倾、前轮外倾、前轮前束、后轮前束、后轮外倾和推力角等参数，它的作用是保持汽车稳定的直线行驶和转向轻便、保证转向后转向轮可以自动回正、减少汽车在行驶中轮胎和转向机件的磨损。四轮定位直接决定了汽车的行驶安全性和稳定性，是影响汽车操控性的重要指标（图4-9）。

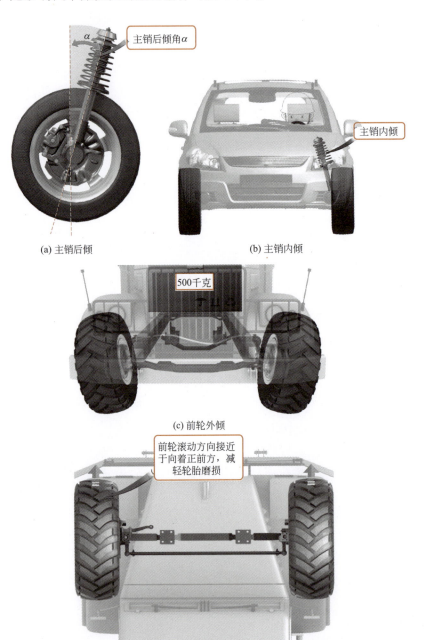

图 4-9 四轮定位参数

一般情况下，汽车的四轮定位参数不会轻易改变，只有当汽车的车桥以及悬架系统的零件曾经被拆装，或汽车因事故造成底盘及悬架的损伤，或者长时间行驶在非铺装路面导致悬架零部件变形等情况时，才需要做四轮定位（图4-10）。

图 4-10　四轮定位

一般汽车四轮定位不准确的外在故障表现为汽车行驶中发生跑偏、打方向不自动回轮、方向盘过重或飘浮发抖、前后轮胎单侧偏磨等。

做四轮定位对汽车是没有任何伤害的，相反是对汽车故障的一种修复手段。如果汽车的四轮定位出现了偏差，不重新校准的话，汽车不但行驶性能受到影响，还会导致轮胎的异常磨损。

 汽车为什么会跑偏？

跑偏的基本现象是车辆在行驶中，不容易保持直线前进，总是要自动地偏向某个方向。

汽车在平坦的直路上行驶1000米，偏差超过5米的，就可以确定为跑偏。

若载重导致左右不平衡，如后备厢一直放着较重的物品，而且集中在某一边，将其移到中间或取下来即可。

若两边胎压不一致，解决办法是充气到标准的胎压（图4-11）。

图 4-11　检测胎压

如果两前轮轮胎花纹不一样，也会导致车辆跑偏，更换型号、花纹一致的轮胎即可（图 4-12）。

图 4-12　轮胎花纹

若悬架弹簧和减振器受损，也会导致车辆跑偏。重点检查较低的一边，检查是否存在弹簧因弹性不足而过度压缩以及减振器漏油等情况，如果有问题进行维修或更换即可（图 4-13）。

转向系统故障，各连接件因磨损间隙过大或轴承、主销、衬套磨损造成松动，将引起汽车在行驶中"摆头"，不能保持正常的运动轨迹（图 4-14）。

引起跑偏的其他原因还有很多，比如车轮定位失准、两侧轴距不等甚至车轴、车架变形等,但这些原因不是通过观察就能看出来的。

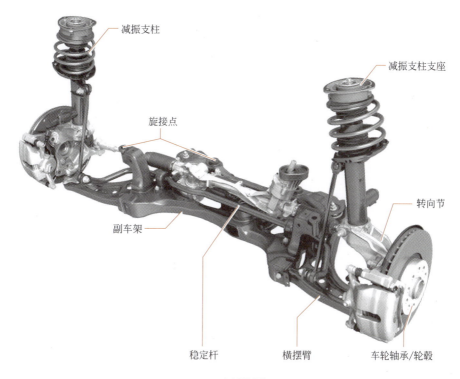

(a) 车辆前悬架

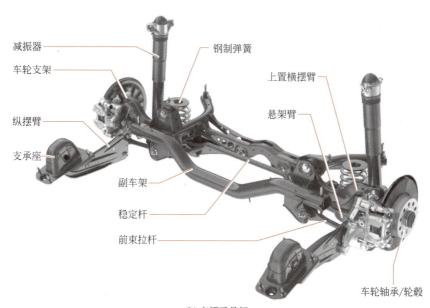

(b) 车辆后悬架

图 4-13　车辆悬架

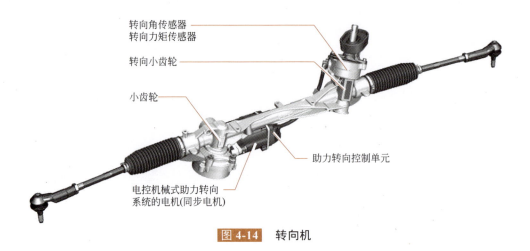

图 4-14 转向机

10 什么是前束？

前束是指使汽车两前轮的前端距离小于后端距离，其距离之差叫作前束值。从汽车的上面往下看，左右两个前轮形成一个开口的"八"字形。前轮前束是指前轮前端面与后端面在汽车横向方向的距离差，也可指车身前进方向与前轮平面之间的夹角，此时也称前束角。

为保证汽车稳定的直线行驶，应使转向轮具有自动回正作用，即当转向轮在偶然遇到外力（如碰到石块）作用发生偏转时，在外力消失后能立即自动回到直线行驶的位置。这种回正作用是由转向轮的定位参数来保证实现的。前轮前束就是这些定位参数中的一种。为了消除车轮外倾带来的不良后果，在安装车轮时，使汽车两前轮的中心面不平行，两轮前边缘距离小于后边缘距离，两者的距离之差即为前轮前束（图 4-15）。

为了保持合适的前轮前束值，需要定期进行四轮定位，但由于前轮前束的测量和调整都比较简单，所以只要肯动手，不需专用的四轮定位仪即可完成前轮前束的测量和调整。

前束的作用是使车轮在滚动时方向接近正方向，从而减轻和消除由于车轮外倾而产生的不良后果，消除由于外倾角所产生的轮胎侧滑。因为车轮外倾角作用使车轮顶部朝外倾斜，当车辆向前行驶时，车轮要朝外滚动，从而产生侧滑，会造成轮胎磨损。

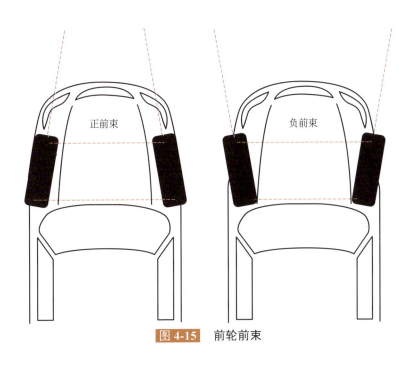

图 4-15　前轮前束

为什么要有前束？

为了使司机握的方向盘能够自动保持在中央，不乱转，减轻司机的疲劳，就要使主轴后倾。这就如同自行车的前叉后倾一样，可以使双手操作轻松。

主轴后倾之后，前轮会有高速的小摆动，使车身不稳。为了克服前轮的小摆动，就要使前轮外倾，速度越慢，道路越不平，则需要主销外倾的角度越大，如四轮拖拉机。由于两个前轮外倾的方向相反，互相抵消了前轮的小摆动，使车身更加平稳。

随之而来的是：由于主销外倾，前轮也是外倾的，这样前轮就有一个向外拐的趋势，也就是左侧的前轮向左拐，右侧的前轮向右拐，前轮又被安装在车上，拐不了，因此造成轮胎的严重磨损。前束就是为了解决这个磨损问题，将两侧的车轮向内侧撇一个角度，正好抵消主销外倾造成的轮胎跑偏，使轮胎可以沿直线前进，这样就没有干磨的现象，从而达到降低轮胎磨损的目的。

如何区分高低压油管？

  高压油管是从转向助力泵出来的管子，接到转向机上；低压油管经过前面的油冷器或者转向冷却油管后回到储液罐，再从储液罐进入助力泵。

  管子的实际结构也不相同，高压油管由多层的帘布层或钢丝层编织而成，而低压油管则可能只是一层编织层，主要由设计的系统压力而定，例如克莱斯勒铂锐车的高压油管耐压要求为 10 兆帕，低压油管则仅仅要求 1 兆帕的压力。

第五章
制动系统知识

 什么是盘刹？

　　盘刹即盘式制动器，又叫碟式刹车，顾名思义是取其形状而得名。它由液压控制，主要零部件有制动盘、摩擦块、制动钳、制动缸体等（图5-1）。

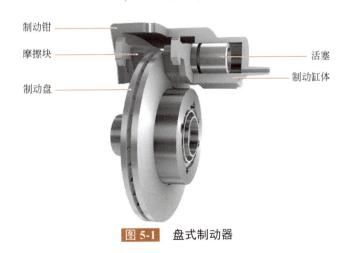

图 5-1　盘式制动器

制动盘用合金钢制造并固定在车轮上，随车轮转动。分泵固定在制动器的底板上。制动钳上的两个摩擦片分别装在制动盘的两侧。分泵的活塞受油管输送来的液压作用，推动摩擦片压向制动盘发生摩擦制动，动作起来就好像用钳子钳住旋转的盘子，迫使它停下来一样（图5-2）。

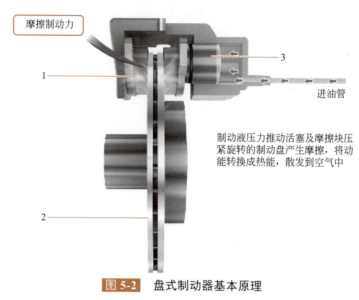

图 5-2　盘式制动器基本原理

1—摩擦块；2—制动盘；3—活塞

盘式制动器的优点：

❶ 盘式制动器散热性较鼓式制动器佳，在连续踩刹车踏板时不会造成刹车衰减而使刹车失灵的现象；

❷ 刹车盘沿厚度方向的热膨胀量极小，受热之后尺寸的改变并不使踩刹车踏板的行程增加；

❸ 盘式刹车系统的反应快速，可做高频率的刹车动作，因而较为符合ABS系统的需求；

❹ 盘式制动器没有鼓式制动器的摩擦助势作用，因此左右车轮的刹车力量比较平均；

❺ 因刹车盘的排水性较佳，可以降低因为水或泥沙造成刹车不良的情形；

❻ 与鼓式制动器相比较，盘式制动器的构造简单，较容易实现间隙自动调整，并且容易维修；

❼ 在输出制动力矩相同的情况下,其尺寸和重量相对鼓式刹车的小。

盘式制动器的分类如下。

(1) 通风刹车盘

通风刹车盘顾名思义就是内部是中空的,冷空气可以从中间穿过进行降温,一般多用于民用车的前轮刹车盘。从外表看,在其圆周上有许多通向圆心的洞孔,它利用汽车在行驶中产生的离心力能使空气对流,达到散热的目的,因此比普通盘式制动器散热效果要好许多(图5-3)。

图5-3 通风刹车盘

(2) 打孔通风盘

打孔通风盘是在通风盘基础上对盘面进行打孔,最大限度保证空气流通,降低热衰减。打孔通风盘比通风刹车盘要高档一个级别(图5-4)。

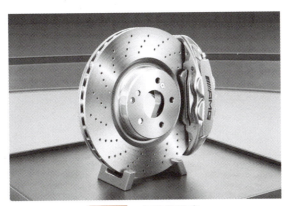

图5-4 打孔通风盘

（3）陶瓷刹车盘

陶瓷刹车盘所用的材料并非是普通陶瓷，而是在1700摄氏度高温下碳纤维与碳化硅合成的增强型复合陶瓷（图5-5）。陶瓷刹车盘的重量只有普通铸铁刹车盘的一半不到，并且有效而稳定地抵抗热衰退，其耐热效果比普通刹车盘高出许多倍。

图5-5　陶瓷刹车盘

什么是鼓刹？

鼓式制动器即鼓刹，是一种形状类似铃鼓的铸铁件，它与车轮固定并同速转动。刹车时运用油压推动刹车蹄片接触刹车鼓内缘，通过接触产生的摩擦力来抑制轮胎的转动以达到刹车的目的（图5-6）。

图5-6　鼓刹

鼓式制动器的旋转元件是制动鼓，固定元件是制动蹄。制动时制动蹄在促动装置作用下向外旋转，外表面的摩擦片压靠到制动鼓的内圆柱面上，对鼓产生制动摩擦力矩。主要由制动鼓、摩擦片、制动轮缸、制动蹄、回位弹簧和制动底板组成（图5-7）。

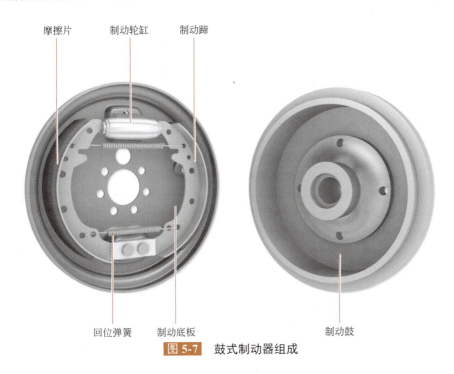

图 5-7　鼓式制动器组成

汽车行驶中不需要制动时，制动踏板处于自由状态，制动总泵无制动液压力输出，制动蹄在回位弹簧的作用下压靠在分泵活塞上，制动鼓的内圆柱面与摩擦片之间保留一定间隙，制动鼓可以随车轮一起旋转。

制动时，驾驶员踩下制动踏板，总泵推杆便推动制动总泵的活塞前移，使制动液经管路进入制动分泵，推动轮缸的活塞向外移动，使制动蹄克服回位弹簧的拉力绕支撑销转动而张开，消除制动蹄与制动鼓之间的间隙后压紧在制动鼓上。此时，不旋转的制动蹄摩擦片对旋转的制动鼓就产生一个摩擦力矩，其方向与车轮的旋转方向相反。

放松制动踏板，在回位弹簧的作用下，制动蹄与制动鼓的间隙又得以恢复，从而解除制动（图5-8）。

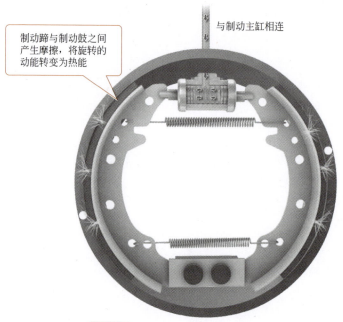

图 5-8　鼓式制动器工作原理

轿车在制动过程中，由于惯性的作用，前轮的负荷通常占汽车全部负荷的 70%～80%，前轮制动力要比后轮大，后轮起辅助制动作用，因此轿车生产厂家为了节省成本，就采用"前盘后鼓"的制动方式。

鼓式制动器的制动效能和散热性都要差很多，鼓式制动器的制动力稳定性差，在不同路面上制动力变化很大，不易于掌控。而由于散热性能差，在制动过程中会聚集大量的热量。制动块和轮毂在高温影响下较易发生极为复杂的变形，容易产生制动衰退和振抖现象，引起制动效能下降。另外，鼓式制动器在使用一段时间后，要定期调校制动蹄的间隙，甚至要把整个制动鼓拆下，以清理累积在内的刹车粉。

3 制动盘是怎样实现通风的？

制动过程实际上是摩擦力将动能转化为热能的过程，如制动器的热量不能及时散出，将会影响其制动效果。为了进一步提升制动效能，通风制动盘应运而生。通风制动盘内部是中空的或在制动盘打很多小孔，冷空气可以从中间穿过进行降温（图5-9）。

图5-9 制动盘通风（一）

从外表看，它在圆周上有许多通向圆心的洞孔，它利用汽车在行驶中产生的离心力能使空气对流，达到散热的目的，因此比普通实心盘式散热效果要好很多（图5-10）。

图5-10 制动盘通风（二）

什么是防抱死制动系统?

防抱死制动系统(Antilock Brake System, ABS)的作用就是在汽车制动时,自动控制制动器制动力的大小,使车轮不被抱死,处于边滚边滑(滑移率在20%左右)的状态,以保证车轮与地面的附着力在最大值(图5-11)。

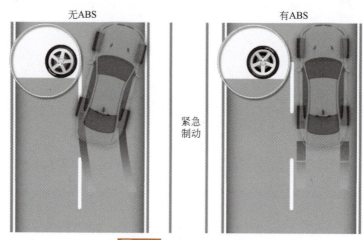

图 5-11 有无 ABS 对比

ABS 系统的组成如图 5-12 所示。

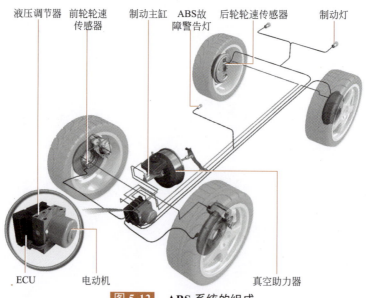

图 5-12 ABS 系统的组成

ABS 系统是提高汽车制动安全性的一个重要装置。当驾驶员踩下制动踏板时，增压器增大驾驶员作用在制动踏板上的力，传递到制动主缸，制动主缸将人力转变为液压力，分两路送入 ABS 泵。ABS 泵根据车速、路面的附着力等因素调节油压，并将压力适当的油液传入制动轮缸，轮缸将液压力传给制动片，转变成摩擦力实现制动。防抱死制动系统能避免在紧急制动时方向失控及车轮侧滑，使车轮在制动时不被抱死，不让轮胎在一个点上与地面摩擦，从而加大摩擦力（图 5-13）。

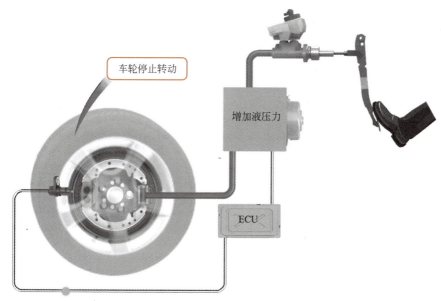

图 5-13 ABS 系统基本原理

ECU 通过控制制动液压力大小，将车轮滑移率保持在稳定区域内，充分发挥制动系统的制动力并且使车轮不完全抱死，保证制动时汽车的安全性

汽车制动时，车轮抱死，滑移率为 100%，汽车的侧向制动力将大幅降低，造成汽车侧滑和转向失控，若滑移率为 10%～20%，可最大限度利用纵向附着力和一定的侧向附着力，则制动效果最佳。

在汽车制动过程中，车轮轮速传感器将车轮的转速信号输入电子控制单元（ECU），ECU 根据每个车轮轮速传感器输入的信号对车轮的运动状态进行检测和判定，并形成相应的控制指令，再适时发出控制指令给制动压力调节器；制动压力调节器对各制动轮缸压力进行调节，防止制动车轮抱死。

5 什么是加速防滑控制系统？

加速防滑控制系统（Acceleration Stability Retainer，ASR）或加速稳定保持系统（Acceleration Skid Control System，ASCS），顾名思义就是防止驱动轮加速打滑的控制系统。其目的就是要防止车辆尤其是大功率的车辆，在起步、再加速时驱动轮打滑的现象，以维持车辆行驶方向的稳定性，保持好的操控性及最适当的驱动力，达到行车安全的目的。

但有些人可能并不清楚为什么轮胎打滑会造成车辆行驶方向的不稳定，其原因与刹车时 ABS 会避免轮胎锁死的道理是相同的，主要是由于轮胎能产生的力在同一负载下是一定的。一般轮胎除了要产生使车辆前进的驱动力外，也要产生使车辆转弯的转向力，或者是使车辆停止的制动力，因此无论是单纯产生驱动力、转向力、制动力，或同时产生驱动力及转向力、制动力及转向力，其轮胎产生的总和的力在某一负载条件下是一定的。也就是说当前进急启动造成轮胎打滑时，此打滑的现象是指轮胎所有的抓地力全部用在驱动轮上，因此此时能控制车辆转弯的转向力，由于力全部被驱动力消耗，因此将会失去使车辆转弯或保持行车方向的转向力，因而会造成车辆行驶方向不稳定的现象。

6 什么是制动辅助系统？

制动辅助系统（Brake Assist System，BAS），通过驾驶员踩制动踏板的速度和踏板力等参数的变化率探测车辆行驶中遇到的情况，判断、感知驾驶员的制动意图。当驾驶员在紧急情况下快速踩下制动踏板，但踩踏力又不足时，此系统便会发挥作用，将在不到 1s 的时间内把制动压力增至最大或触发ABS，以缩短紧急制动情况下的制动距离。因此，当车辆在紧急制动时，BAS能弥补驾驶员因反应滞后或制动犹豫而损失的制动时间，弥补制动踏板力不足，瞬间提升制动压力输出值，增大制动力，缩短触发 ABS 的时间，从而减少制动距离，提高行车安全性。

机械式 BAS，习惯上简称为 BA 装置，是采用纯机械结构来实现的，机械式 BAS 由普通真空助力器产品改造而成。

机械式 BAS 就是在传统的真空助力器的基础上改造输入端结构，增加大气阀进气的调节装置。当紧急制动时，如果达到 BAS 的激发条件，该调节装置便会发生作用，瞬间增加真空助力器大气腔的进气口宽度，突破传统真空助力器缓慢进气的缺点，瞬间提高助力器大气腔的压力，增加大气腔与 A 空腔的压力差，瞬间提高管路制动压力，增加车辆制动力。机械式 BAS 装置成本较低、结构简单、性能可靠，通过调节真空助力器中 BAS 辅助装置的约束弹簧即可调整 BAS 系统的工作特性，使其适用于不同型号的汽车。

电子式制动辅助系统"EBA"的英文全称是 Electronic Brake Assist。在车辆行驶过程中，制动辅助系统会全程监测车辆制动过程，利用传感器及 ECU 感应、判断驾驶者的制动意图，一般正常制动时该系统并不会介入，会让驾驶人自行决定制动时的力度大小，但当其侦测到驾驶人忽然以极快的速度和力量踩下制动踏板时，会被判定为需要紧急制动，于是 EBA 会指示制动系统产生更高的制动压力使 ABS 尽快发挥作用，从而使制动力快速提升，减少制动距离，让车辆及驾乘者能够迅速脱离险境。根据 BAS 的激发条件，电子式制动辅助系统可分为 3 类：根据踏板速度判断触发；根据踏板力判断触发；以踏板速度为主，根据多项条件进行判断触发。

轮速传感器有什么作用？

轮速传感器如图 5-14 所示。

对于现代汽车而言，轮速信息是必不可少的，汽车动态控制系统（VDC）、汽车电子稳定程序（ESP）、防抱死制动系统（ABS）、自动变速器的控制系统等都需要轮速信息，所以轮速传感器是现代汽车中最为关键的传感器之一。

图 5-14 轮速传感器

一般来说,所有的转速传感器都可以作为轮速传感器,但是考虑到车轮的工作环境以及空间大小等实际因素,常用的轮速传感器主要有磁电式轮速传感器和霍尔式轮速传感器。磁电式轮速传感器具有结构简单、成本低、不怕泥污等特点,在现代轿车的 ABS 防抱死制动系统中得到广泛应用。

霍尔式轮速传感器具有如下特点:

❶ 输出信号电压振幅值不受转速的影响;

❷ 频率响应高;

❸ 抗电磁波干扰能力强。

8 电子手刹与自动驻车有何区别?

电子手刹适合长时间停车使用,而自动驻车适合在走走停停或等红绿灯时使用。如果说自动驻车是临时性制动,那么电子手刹就是长时性制动。

电子手刹是由电子控制方式实现停车制动的技术。其工作原理与机械式手刹相同,均是通过刹车盘与刹车片产生的摩擦力来达到控制停车制动,只不过控制方式从之前的机械式手刹拉杆变成了电子按钮。电子手刹也就是电子驻车制动系统(图 5-15)。

图 5-15　电子手刹

电子驻车制动系统是指将行车过程中的临时性制动和停车后的长时性制动功能整合在一起，并且由电子控制方式实现停车制动的技术。

电子手刹从基本的驻车功能延伸到自动驻车功能（AUTO HOLD）。自动驻车功能技术的运用，使得驾驶者在车辆停下时不需要长时间刹车。启动自动电子驻车制动的情况下，能够避免车辆不必要的滑行（图 5-16）。

图 5-16　自动驻车功能

（1）电子手刹的优点

❶ 车厢内取消了驻车制动手柄，为整车内饰造型的设计提供了更大的发挥空间。

❷ 停车制动由一个按键替代了驾驶者的用力拉驻车制动手柄，简单省力，

降低了驾驶者尤其是女性驾驶者的操作强度。

❸ 随着汽车电子驻车控制技术的不断发展，该系统不仅能够实现静态驻车、静态释放（关闭）、自动释放（关闭）等基本功能，还增加了自动驻车和动态驻车等辅助功能。如大众车系上安装的 AUTO HOLD 自动驻车键，它就能够完成上述功能，由于它将动态稳定控制系统介入电子驻车制动系统，使得驾驶更安全、更方便。

（2）电子手刹的附加功能

❶ 动态紧急制动功能。如果在行车过程中发生极端情况，操作电子手刹按键，可以对车辆进行制动，这个情况有些复杂。分析一下这个极端情况，假如驾驶员无法控制刹车，通过拉起手刹按键，车辆会紧急制动。

❷ 动态启动辅助功能。当车辆从静止起步，车轮扭矩达到一定程度时，电子手刹自动释放，将操作简化。

（3）电子手刹操作注意事项

❶ 电子手刹（EPB）和自动驻车（AUTO HOLD）均需要在关好车门、系好安全带的情况下才能正常工作。

❷ 在长时间停车时使用电子手刹（EPB）功能，其余时间都是用自动驻车（AUTO HOLD）功能，无论是红灯停车、跟车或是坡起。

❸ 需要停放车辆时，将挡位换到 P 挡即可，无须在意电子手刹功能（EPB）和自动驻车功能（AUTO HOLD）是否开启。

❹ 自动驻车功能会在停稳车辆后自动开启，由于倒车时环境复杂，速度慢，容易停顿，所以缓慢倒车的时候建议关闭自动驻车功能。

❺ 电子手刹和自动驻车拥有一个共同的"杀手锏"——紧急制动。如果在行车过程中发生紧急情况，可以让车辆紧急制动。

9 DOT4 与 DOT3 制动液有何区别？

DOT4 制动液比 DOT3 制动液的性能更好，主要表现在高温性能上。

DOT4制动液平衡回流沸点为230摄氏度（图5-17），DOT3制动液的平衡回流沸点为205摄氏度（图5-18），使用DOT4制动液的汽车可以更频繁地刹车，目前大多数车辆使用的是DOT4制动液。

图5-17　DOT4制动液

图5-18　DOT3制动液

DOT3制动液一般为醇醚型。醇醚型的化学成分为低聚乙二醇或丙二醇。低聚乙二醇或丙二醇具有较强的亲水性，所以在使用或储存的过程中其含水量会逐渐增高。由于制动液的沸点会随着水分含量的增高而降低，所以其制动性能会随之下降。当发现需要用力踩刹车踏板才能制动时，一个很可能的原因就是制动液中水分含量过高。制动液一般每两年一换。

DOT4制动液一般为酯型。酯型则是在醇醚型的基础上添加大量的硼酸酯。硼酸酯是由低聚乙二醇或丙二醇通过和硼酸的酯化反应而成。硼酸酯的沸点比低聚乙二醇或丙二醇更高，所以其制动性能更好。硼酸酯还具有较强的抗湿能力，它能分解所吸收的水分，从而减缓由于吸水而导致的沸点下降。所以酯型性能比醇醚型更好，价格也更高。

真空助力器有什么用？

真空助力器的作用是利用真空（负压）来增加驾驶员踩刹车踏板的力量

（图 5-19）。

图 5-19 真空助力器

真空助力器一般位于制动踏板与制动主缸之间，为便于安装，通常与主缸合成一个组件，主缸的一部分深入真空助力器壳体内。真空助力器失效或真空管路无真空度时，控制阀推杆将通过空气阀直接推动膜片座和制动主缸推杆移动，使制动主缸产生制动压力，但作用在踏板上的力要增大。

当进行制动时，制动踏板被踩下，踏板力经杠杆放大后作用在控制阀推杆上。控制阀推杆回位弹簧被压缩，控制阀推杆连同空气阀柱前移。当控制阀推杆前移到控制阀皮碗与真空阀座相接触的位置时，真空阀口关闭。此时，助力器的真空、应用气室被隔开，空气阀柱端部刚好与反作用盘的表面相接触。随着控制阀推杆的继续前移，空气阀口将开启。外界空气经过滤气后通过打开的空气阀口及通往应用气室的通道，进入助力器的应用气室（右气室），伺服力产生。

由于反作用盘的材质（橡胶件）有受力表面各处的单位压强相等的物理属性要求，使得伺服力随着控制阀推杆输入力的逐渐增加而成固定比例（伺服力比）增长。由于伺服力资源的有限性，当达到最大伺服力时，即应用气室的真空度为零时（即 101325 帕），伺服力将成为一个常量，不再发生变化。

此时，助力器的输入力与输出力将等量增长；取消制动时，随着输入力的减小，控制阀推杆后移。当达到最大助力点时，真空阀口开启后，助力器的真空、应用气室相通，应用气室的真空度将下降，伺服力减小，活塞体后移。这样随着输入力的逐渐减小，伺服力也将成固定比例（伺服力比）减少，直至制动被完全解除。

在非工作的状态下，控制阀推杆回位弹簧将控制阀推杆推到右边的锁片锁定位置，真空阀口处于开启状态，控制阀弹簧使控制阀皮碗与空气阀座紧密接触，从而关闭了空气阀口。

此时助力器的真空气室和应用气室分别通过活塞体的真空气室通道与应用气室通道经控制阀腔处相通，并与外界大气相隔绝。发动机启动后，发动机进气歧管处的真空度（发动机的负压）将上升至 -0.0667 兆帕（即气压值为 0.0333 兆帕，与大气压的气压差为 0.0667 兆帕）。随之，助力器的真空、应用气室的真空度均上升至 -0.0667 兆帕，并处于随时工作的准备状态。

刹车盘越大越好吗？卡钳上的活塞越多越好吗？

刹车盘变得更大，甚至打上一些透气孔，目的不在于提高制动力，只是为了提高刹车盘的散热面积，增加热容积（举一个简单的例子来说就是，给1千克铁升温1摄氏度，需要的热量要大于给0.5千克铁升温1摄氏度，所以在同样的热量作用之下，更大的刹车盘升温更慢）；原装的刹车系统在制动力方面已经过剩，保证日常驾驶是没有问题的，但原装的刹车系统并不一定适合激烈驾驶或者是赛道驾驶（图5-20）。所以刹车盘越大，散热能力越强，越不容易导致热衰减，对于制动性能影响不大。

图 5-20　刹车盘

对于同一辆车而言，更换原装的单活塞卡钳而升级多活塞卡钳对于制动力不会有提高，整个制动系统没有做出大的改动，仅仅升级了活塞数量对于制动力是不会有半点提高的；盘刹依靠制动液的压力推动活塞来实现制动，原装的单活塞独占所有压力，升级后的四活塞卡钳的四个活塞平均分配压力，所以就单个活塞而言，压力比原装的单活塞要小；卡钳活塞数增加对于制动力没有提高，只是压力分配的方式发生改变，变得更加均匀（图5-21）。

图 5-21　活塞卡钳

ABS 故障车辆还能开吗？

在每次刚启动车辆时 ABS 系统自己会有一个自检，自检一般发生在启动后的两三秒钟时，挂上挡加油门起步，会听到车前方有嗡嗡的响声，并且感到油门踏板也有震动，这就是 ABS 在自检。自检只会发生在打火后的第一次起步，只要不熄火，再起步就不会自检了。自检后如果发现系统不能正常工作，就会点亮故障灯，如果能够正常工作，就不会点亮故障灯。正常行驶时，如果有某个传感器或者线路有问题，无法进行信号传输，ABS 模块一直收不到某个轮的转速信号，就会认定该轮出了故障，会立即点亮故障灯（图5-22）。

图 5-22　ABS 故障灯

当 ABS 系统发生故障后，汽车为了保障制动安全，会停止 ABS 系统的工作。此时的汽车并非没有制动，而是仅具有常规制动能力。在紧急制动时车轮会直接抱死，制动踏板不会有弹脚的感觉，汽车也无法转向。另外，汽车上的其他制动辅助系统，比如车身电子稳定系统（ESP）、驱动防滑系统（TSC）、电子制动力分配系统（EBD）等，它们都是在 ABS 系统基础上扩展出来的功能，当 ABS 系统失效后，它们也都会失去作用，汽车的操控性能会大幅下降，对车身的控制能力急剧减弱，汽车在紧急变线及紧急制动时有失控的危险。所以，当汽车的 ABS 系统发生故障后，驾驶员要谨慎驾驶汽车，不要高速行驶，避免紧急制动，在湿滑的路面上更要小心驾驶，尽早到修理厂维修，以免发生更大的故障。

刹车片内侧为什么比外侧磨损快？

左右刹车片磨损度相差不是很大，都是正常的。如果一侧磨损到极限，另一侧还有 1/3 厚，这种情况是不正常的。

要知道车辆在不同路面、不同弯道四轮受力、速度等都不一致，制动力也会不一致，所以刹车片磨损有偏差是很正常的。

刹车片（图 5-23）的工作原理：每个车轮刹车片由内、外侧两片组成，由两个可以伸缩的杆件相连，踩刹车踏板时两个刹车片抱住刹车盘；松开刹车踏板时，两个刹车片沿伸缩杆向两侧移动，离开刹车盘（图 5-23）。

刹车片磨损不一致的原因主要有以下几个方面：

❶ 磨损的快慢程度主要是与刹车盘和刹车片的材质有直接的关系，所以

刹车片材质不均匀会导致磨损不均匀（图 5-24）；

❷ 经常转弯刹车，左右轮受力不平衡，也会导致磨损不一致；

❸ 有一边的刹车盘可能变形；

❹ 刹车分泵回位不一致，例如有一侧的分泵回位螺栓卡滞；

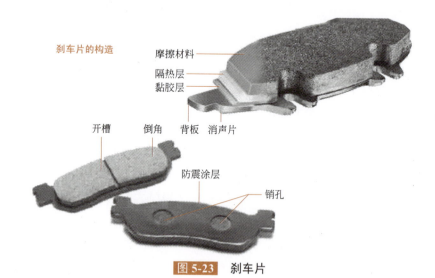

图 5-23　刹车片

图 5-24　磨损不均匀

❺ 左右刹车油管长短相差过大；

❻ 伸缩杆由橡胶密封套密封，但如果进水或缺少润滑时，杆件不能自由伸缩，刹车后外侧片不能离开刹车盘，刹车片会额外磨损；

❼ 左右两边制动器制动时间不一致；

❽ 悬架问题。

第六章
电子电器知识

 什么是电子控制单元？

电子控制单元（Electronic Control Unit，ECU），又称"行车电脑""车载电脑"等。从用途上讲则是汽车专用微机控制器。它和普通的电脑一样，由微处理器（CPU）、存储器（ROM、RAM）、输入/输出接口（I/O）、模数转换器（A/D）以及整形、驱动等大规模集成电路组成。用一句简单的话来形容就是"ECU 就是汽车的大脑"（图 6-1）。

电子控制单元的功用是根据其内存的程序和数据对空气流量计及各种传感器输入的信息进行运算、处理、判断，然后输出指令，向喷油器提供一定宽度的电脉冲信号以控制喷油量。电子控制单元由微型计算机、输入、输出及控制电路等组成。

ECU 一般都具备故障自诊断和保护功能，当系统产生故障时，它还能在 RAM 中自动记录故障码，并采用保护措施从上述的固有程序中读取替代程序来维持发动机的运转。同时这些故障信息会显示在仪表盘上并保持不灭，可以使车主及时发现问题并能将汽车开到修理厂。

图 6-1　ECU

正常情况下，RAM 也会不停地记录车辆行驶中的数据，成为 ECU 的学习程序，为适应驾驶员的驾驶习惯提供最佳的控制状态，这个程序也叫自适应程序。但由于是存储于 RAM 中，就像错误码一样，一旦去掉蓄电池而失去供电，所有的数据就会丢失。

目前在一些中高级轿车上，不但在发动机上应用 ECU，在其他许多地方都可发现 ECU 的踪影，例如防抱死制动系统、四轮驱动系统、电控自动变速器、主动悬架系统、安全气囊系统、多向可调电控座椅等都配置有各自的 ECU。随着轿车电子化和自动化的提高，ECU 将会日益增多，线路会日益复杂。为了简化电路和降低成本，汽车上多个 ECU 之间的信息传递就要采用一种称为多路复用通信网络的技术，将整车的 ECU 形成一个网络系统，也就是 CAN 数据总线。

2　什么是传感器？

传感器是汽车计算机系统的输入装置，它把汽车运行中各种工况信息，如车速、各种介质的温度、发动机运转工况等，转化成电信号传给计算机，以便发动机处于最佳工作状态。

常见的传感器有进气压力传感器、空气流量计、节气门位置传感器、曲轴位置传感器、氧传感器、进气温度传感器、冷却液温度传感器、爆震传感器、车速传感器、温度传感器、曲轴转速传感器、压力传感器、转角传感器、转矩传感器、液压传感器、加速度传感器、车身高度传感器、侧倾角传感器等（图6-2）。

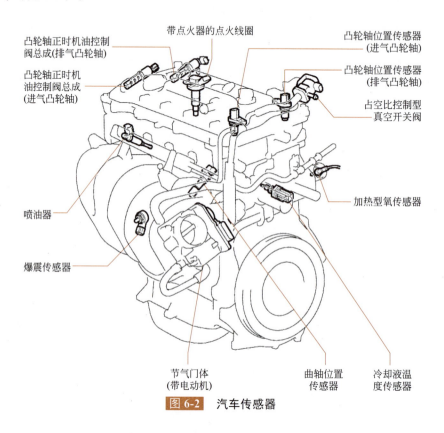

图 6-2 汽车传感器

3 什么是执行器？

执行器就是电控系统的一个元件。电控系统要完成的各种控制功能，是靠各种执行器来实现的。在控制过程中，执行器将ECU传来的控制信号转换成某种机械运动或电气的运动，从而引起发动机运行参数的改变，完成控制功能。

电控发动机的执行器有节气门（图6-3）、点火线圈、炭罐电磁阀、高压油泵、凸轮轴电磁阀、喷油器、废气再循环控制电磁阀、二次空气泵等。

图 6-3　发动机执行器节气门

 熔丝的种类有哪些？

熔丝也被称为电流熔丝，当电路发生故障或异常时，伴随着电流不断升高，升高的电流有可能损坏电路中的某些重要器件，也有可能烧毁电路甚至造成火灾。若电路中正确地安装了熔丝，那么熔丝就会在电流异常升高到一定值和达到一定热度的时候，自身熔断，切断电流，从而起到保护电路安全运行的作用（图 6-4）。

图 6-4　熔丝盒

熔丝（图 6-5）的分类如下。

❶ 条丝状。早期原始形态的熔丝，直接以螺栓锁定，用于各种尺寸的旧式开关、插座。

❷ 片状（裸片状）。比旧式条丝状方便使用。

❸ 玻璃管状。

❹ 陶瓷管状。有几种不同形状及尺寸，可避免玻璃爆裂。

❺ 塑胶片状。带金属片状接脚（汽车熔丝）。

❻ 表面接着元件（SMD）型。

❼ 圆柱体状，插件式（直接焊接于电路板上，用于产品内部）。

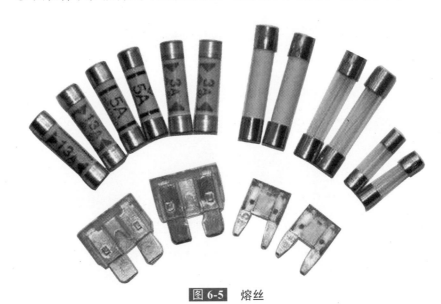

图 6-5　熔丝

继电器有什么用？

一般在国内市场上，经常见到的车型中继电器的数量为 20～40 个。

继电器（图 6-6）所起的作用就是用低电压或小电流来控制高电压或大电流，但是它自身不会有增大电流或者电压的作用，它所起的就是一个开关的作用。在小电流或低电压控制下，把另外一对（或者数对）比较大的触点接通

（或断开，在继电器内部，术语叫作常闭触点、常开触点），目的是让大电流或高电压带动后面的负载。

图 6-6　继电器

 仪表报警灯有哪些？

不同汽车仪表板的仪表不尽相同，但是一般汽车的常规仪表有车速里程表、转速表、机油压力表、水温表、燃油表、充电表等。现代汽车上，汽车仪表还需要装置稳压器，专门用来稳定仪表电源的电压，抑制波动幅度，以保证汽车仪表的精确性。另外，大部分仪表显示的依据来自传感器，传感装置根据被监测对象的状态变化而改变其电阻值，通过仪表表述出来。仪表板中最显眼的是车速里程表，它表示汽车的时速，单位是千米/小时。车速里程表实际上由两个表组成，一个是车速表，另一个是里程表。

汽车仪表的功能就是获取需要的数据并采用合适的方式显示出来。以前的仪表一般限制在 3～4 个量的显示和 4～5 个警告功能，现在新式仪表则达到有约 15 个量显示和约 40 个警告监测功能。不同的信息有不同的获取方式和显示方式，目前新式仪表信息获取方式主要有三种：通过车身总线传输；通过

A/D 采样转化；通过 I/O 状态变化获取（图 6-7）。

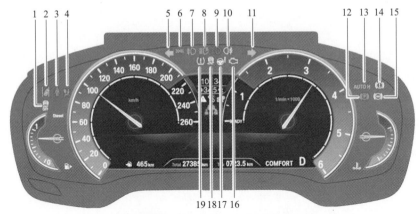

图 6-7 组合仪表指示和警告灯

1—动态稳定控制系统停用 / 启用；2—车道偏离警告系统；3—安全带提醒；4—安全气囊警告灯；5—左侧转向信号灯；6—停车示警灯和 / 或近光灯启用；7—前雾灯；8—远光灯辅助系统；9—远光灯；10—后雾灯；11—右侧转向信号灯；12—驻车制动器；13—自动驻车已启用；14—制动系统；15—防抱死制动系统（ABS）；16—发动机功能；17—转向系统；18—动态稳定控制系统；19—轮胎压力监控系统

车辆"CarPlay"有什么用？

"CarPlay"是苹果公司于 2013 年启动的"IOS in the car"计划产物，是一款智能车载互联系统，通过 USB 端口将苹果手机与车载中控主机相连。汽车"CarPlay"可以通过 Siri 语音输入、触摸显示屏以及物理按键去操控中控显示屏的互联功能，提升驾车安全（图 6-8）。

目前已有包括奔驰、宝马、通用汽车、丰田、本田等四十多家主流汽车厂商在车辆上搭载苹果"CarPlay"系统，其中上汽荣威集团旗下的荣威 360 成为率先搭载苹果"CarPlay"系统的国产汽车。

"CarPlay"是将用户的 IOS 设备以及 IOS 使用体验，与"CarPlay"中的导航仪表盘系统无缝结合。如果用户汽车配备"CarPlay"，就能连接 iPhone 等设备，并使用汽车的内置显示屏和控制键，或 Siri 免视功能与之互动。用户可以轻松、安全地拨打电话、听音乐、收发信息、使用导航，以及体验更多功能。

"CarPlay"可以将苹果手机的绝大部分基础功能通过汽车的控制面板来使用。其中的部分功能包括 Siri 语音助理工具，iTunes 音乐播放，苹果地图以及短信服务。通过"CarPlay"，驾车人可以双手不离开方向盘就接打电话，另外可以听到语音邮件的内容。要使用苹果手机中的这些功能，驾车人可以触摸车内的驾驶控制面板，就好像触摸手机屏幕一样，不过这可以降低对驾车的干扰，另外通过方向盘上的一个按钮，驾车人可以触发 Siri。

图 6-8　汽车 CarPlay

什么是主动安全防护？

汽车主动安全的作用是监测并避免车辆失控的可能性及交通事故的发生，提高汽车的行驶稳定性，例如最典型的自动驾驶及主动刹车系统。

主动安全包括比较基础的防抱死系统（ABS）、电子制动力分配装置（EBD）、车身电子稳定系统（ESP）、牵引力制动系统（TCS）以及如今主流配置中的主动巡航、偏航预警、自动驾驶和主动刹车系统等（图 6-9）。

图 6-9　主动安全防护

什么是被动安全防护？

车辆发生事故时尽可能地减少车内乘员受到的伤害，例如安全带、安全气囊（图 6-10）、吸能式方向盘和吸能式转向管柱等。

图 6-10　安全气囊

什么是随车转向大灯？

随车转向大灯也被称为自适应照明系统、自适应大灯（Adaptive Frontlighting System，AFS）。随车转向大灯能够根据行车速度、转向角度等自动调节大灯的偏转，以便能够提前照亮转向区域，提供全方位的安全照明，确保驾驶员在任何时刻都拥有最佳的可见度，从而增强黑暗中驾驶的安全性。而普通大灯具有固定的照射范围，当夜间汽车在弯道上转弯时，由于无法调节照明角度，常常会在弯道内侧出现"盲区"，极大地威胁着驾驶员夜间的安全驾车（图6-11）。

直线行驶时AFS与普通的大灯没有太大的区别

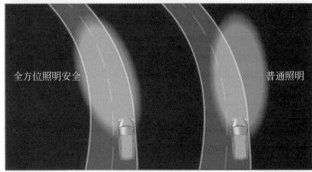

开始进入弯道后，AFS动作使光束往弯内侧偏向，而普通大灯相当部分光束被直射到弯道外面

车辆到达弯心准备出弯时，AFS让驾驶者可以掌握更多的前方路面状况

图6-11　随车转向大灯的作用

自适应大灯工作模式的条件如下。

外界因素主要包括外界光强度、雨水、雾天、行驶的环境（城市或者郊区）、路况等。识别外界因素，须用到光强度识别传感器和雨水传感器，当汽车进入隧道，或者黄昏时行驶，自适应大灯就会打开，补充照明的灯光；当外界光强度升高到系统限制的强度时，自适应大灯自动关闭。当汽车在城市中行驶时，必须要考虑到车灯会给司机造成的干扰。通过对一些晚上出现的交通事故的研究表明，主要是由于眩目造成的，特别是在路面湿滑的情况下，更为严重。所以此时，具有自适应大灯的汽车，可在垂直方向下偏转一定的角度，降低对会车司机或者行人造成眩目的光照强度，对避免交通意外发生起着重要的作用。例如在奥迪 A6 汽车上，通过 N395 左大灯防眩目调节电磁铁和 N396 右大灯防眩目调节电磁铁来调节。

内部因素主要包括汽车自身的行驶状态，例如车速、制动、加速、转弯、悬架高度等有关的信号。在行驶过程中，加速或者满载时，汽车会向后倾，而制动时向前倾，这样一来，势必会造成汽车前照灯的灯光高度不同；路面不平也可以造成以上现象。当汽车转弯时，灯光会随着左转或右转而在两边留下一个盲区，影响交通安全。例如在奥迪 A6 汽车上，通过 V318 左大灯转弯灯光动态调节电机和 V319 右大灯转弯灯光动态调节电机来完成调节。

什么是记忆功能座椅？

座椅带记忆功能是指将电动座椅与车载电脑结合在一起，可增加座椅的记忆功能，对座椅中的信息参数实现智能化管理（图6-12）。

例如，前者调好的座椅状态，后者使用时为确保舒适进行重新调整，这时电脑会将前者调节参数存储保存，当前者重新乘坐时，只需要按动一个按钮，便可轻松获得以前存储的适合个人需要的设定。一般有 2～4 个记忆组数。

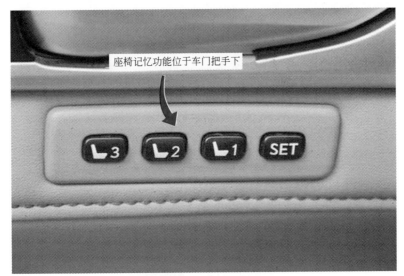

图 6-12　座椅记忆功能

手动空调和自动空调有什么区别？

自动空调是通过车内外的温度传感器以及蒸发器等设备自动感应温度，最后传到空调控制系统，自动控制风量的大小以及温度的高低等一系列空调的功能。自动空调可提供更加合理的恒温及出风量，不用驾驶员来回操作，提高了行车安全。

自动空调比手动空调更方便，用起来更加智能化，当车内人员觉得车内温度不适合的时候只需要重新设定一下即可。车内带有温度传感器，一旦车内的温度达到所设定的温度，空调就会自动停止工作，当温度有变化时再启动，避免了手动空调来回操作的麻烦。相比之下自动空调使用起来更加便捷和智能。

有的车辆上装配的是更先进的双区恒温空调，即每一个空调出风口都能单独控制，可以调整每一个空调出风口的温度和出风量。双区恒温空调可使车内的每一个乘客都能调整适合自己的温度。驾驶员随时可以通过空调的显示面板看到车内的温度以及出风量等一系列关于空调系统的内容。

空调面板如图 6-13 所示。

(a) 手动空调

(b) 自动空调

图 6-13　空调面板

什么是车载网络？

车载网络是汽车内部传感器、控制器和执行器之间的通信用点对点的连线方式连成的复杂网状结构。

随着电控系统的日益复杂，以及对汽车内部具有控制功能的电子控制单元相互之间通信能力要求的日益增长,采用点对点的连接会使得车内线束增多,这样在考虑内部通信的可靠性、安全性以及重量方面都给汽车设计和制造带来了很大的困扰。因此为了减少车内连线,实现数据的共享和快速交换,同时提高可靠性,在快速发展的计算机网络上,实现 CAN、LAN、LIN、MOST 等基础构造的汽车电子网络系统,即车载网络(图 6-14)。

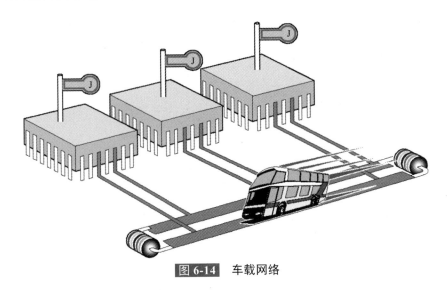

图 6-14　车载网络

汽车信息传输网络系统的特点可以归纳为以下 8 个方面。

(1) 使电气线束和导线数量大大减少

从布线角度来看,传统的电气系统大多采用点对点的单一通信方式,相互之间少有联系,这样必然造成庞大的布线系统。而汽车信息传输网络系统由于采用两根总线取代了多根导线,故而可以使导线的数量大大减少,线束的体积也就相应地变小,由此可以使整车线束得到简化。也就是说,采用总线技术以后,车身上各种电子控制单元之间的信号传递仅需要两根信号线。由此可使布线局部化,车上除了总线外,其他所有横贯车身的线都不再需要了,节省了布线成本,其经济效益不言而喻(图 6-15)。

(2) 可靠性得到提高

线束和导线数量的减少必然使线路的连接点大大减少,由此带来的好处是信号传输的可靠性得到提高,也大大减少了整车的故障发生率。

图 6-15　带有总线系统的车辆

（3）电源配置系统发生了变化

由于采用车载网络信息传输方式以后，可以使各个用电设备采用模块化控制，由此可以使电源系统的熔断器和继电器的使用数量大为减少，也使增、减用电设备变得十分简单。例如，为了满足某种车型的需要，需要在基本车型前部照明线路的基础上增加一个照明装置，此时只需在前部灯光控制单元输出端接上该照明器与控制开关即可。这样，通过新增的控制开关就可对新增的照明器进行控制，原有的电源配线不必做任何改动。

（4）实现了数据共享

由于各种电子控制单元的数据发送与接收是在共同传输线路的同一根总线上，这种连接方式把各个电子控制单元紧密地连接在一起，各种电子控制单元都可以使用总线上的数据实现共享，由此减少了数据的重复处理，节省了成本。例如，对于具有 CAN 总线接口的电喷发动机，其他电气可共享其提供的发动机转速、水温、机油压力、机油温度、油量瞬时流速等。一方面可省去额外的水温、油压、油温传感器；另一方面可以将这些数据显示在仪表上，便于驾驶员随时检查发动机运行工况，从而便于发动机的保养维护。这一点在克莱斯勒的车型上尤为明显，该车型发动机的所有传感器信号都是由 PCM（Powertrain Control Module）功率模块收集处理并通过网关 TIPM 模块发送到组合仪表 CCN 后，再由组合仪表根据需要进行显示或对故障模式进行报警。

又如，在一些高档汽车中，GPS定位仪、空气悬架、门控制及巡航定速控制都需要用到车速数据，如果这些电气都有一套车速处理电路，则不仅浪费资源，而且线路也变得复杂。当采用总线技术后，这些电气的车速数据都可以从总线上获得。

再如，发动机、变速器、巡航定速控制系统、ABS/EDL等这些电子控制单元所需要的制动信号，都可以在同一根传输线上获得（图6-16）。

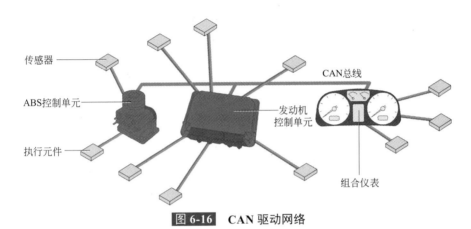

图6-16　CAN驱动网络

由此可见，实现数据共享不仅提高了系统资源的利用率，降低了设计、生产成本，而且可以使汽车对控制参数的控制更加精细化，对整车性能的提高极为有利，极大地简化和优化了汽车线路，同时也提高了各个电子控制单元工作关系之间的协调性。

（5）改善了系统的灵活性

具有信息传输网络系统的车辆，通过对系统软件进行相应改动，就可以使控制系统的控制功能也发生相应的变化，这给系统的随时升级带来了极大的灵活性（图6-17）。

（6）延长了元器件的使用寿命

采用总线的车辆在某一用电设备负荷增大到一定程度时，系统能够及时发现并自动使其退出工作状态，这种主动保护方式消除了只有单一的熔断器熔断的被动保护方式带来的问题，可以有效防止元器件的早期损坏，延长了元器件的使用寿命，避免了事故的发生。

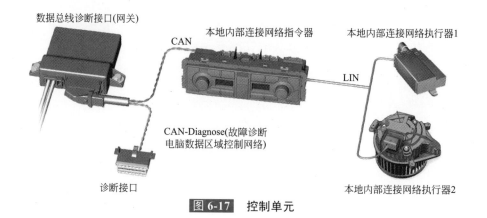

图 6-17　控制单元

（7）控制开关的作用发生了改变

采用总线控制的车辆，其用电设备大都采用了不同功能的电子控制单元，控制用电设备工作的各种控制开关通常不再串联在电路中，而是提供一个开关信号（相当于传感器信号），通过输入、输出单元接收，进而控制用电设备是否工作。由于这类开关的工作电流很小，因此可以降低开关的制造成本，使用寿命也将得到较大提高。

（8）方便了车辆的维护

汽车信息传输网络系统的智能功能可以直接显示系统产生的各种故障，并将检测到的故障转换为代码的形式存储起来，供维修时调用。信息传输网络系统能够为故障诊断提供通用的诊断接口，从而为维修人员使用多功能测试仪对电子控制单元内储存的数据进行测试和诊断，提供了极大的方便。

14　防盗系统如何实现防盗？

当有人擅自打开装有防盗系统汽车的任一个车门时，防盗系统以及与其相关联的声光电路立即启动报警，且在发动机启动时会自行熄火，以达到防盗的目的。

防盗系统主要由电子模块、触发继电器、报警继电器、启动中断继电器、门框侧柱开关以及门锁开关等组成。

汽车防盗系统，是指防止汽车本身或车上的物品被盗所设的系统。它由电子控制的遥控器或钥匙、电子控制电路、报警装置和执行机构等组成。最早的汽车门锁是机械式，只用于汽车行驶时防止车门自动打开而发生意外，只起行车安全作用，不起防盗作用。随着社会的进步、科学技术的发展和汽车保有量的不断增加，后来制造的轿车、货车车门上都装了带钥匙的门锁。这种门锁只控制一个车门，其他车门靠车内门上的门锁按钮进行开启或锁止。

为了更好地发挥防盗作用，有的车上还装有一个转向锁，转向锁是用来锁止汽车转向轴的。转向锁与点火锁设在一起，安装在方向盘下，它用钥匙来控制。即点火锁切断点火电路使发动机熄火后，将点火钥匙再左旋至极限位置的挡位，锁舌就会伸出，嵌入转向轴槽内，将汽车转向轴机械性地锁止。即使有人将车门非法打开并启动发动机，由于方向盘被锁止，汽车不能实现转向，故不能将汽车开走，于是起到了汽车的防盗作用。由于汽车技术不断发展，多数轿车上都安装了中央门锁，即汽车上的车门门锁和后备厢锁实现了集中控制（图6-18）。

图 6-18　汽车防盗

什么是自动驾驶？

自动驾驶是指在不需要测试驾驶员执行物理性驾驶操作的情况下，车辆能够对行驶任务进行指导与决策，并代替驾驶员操控使车辆完成安全行驶的功能。

自动驾驶汽车应具备自动行驶功能、自动变速功能、自动刹车功能、自动监视周围环境功能、自动变道功能、自动转向功能、自动信号提醒功能、网联式自动驾驶辅助功能等。

自动驾驶汽车是通过车载传感系统感知道路环境，自动规划行车路线并控制车辆到达预定目标的智能汽车。它利用车载传感器来感知车辆周围环境，并根据感知所获得的道路、车辆位置和障碍物信息，控制车辆的转向和速度，从而使车辆能够安全、可靠地在道路上行驶。

自动驾驶汽车集自动控制、体系结构、人工智能、视觉计算等众多技术于一体，是计算机科学、模式识别和智能控制技术高度发展的产物，也是衡量一个国家科研实力和工业水平的重要标志，在国防和国民经济领域中具有广阔的应用前景（图 6-19）。

图 6-19　自动驾驶

什么是自动泊车？

自动泊车是指汽车自动泊车入位，不需要人工控制。汽车制造商之所以开发能够自动泊车的汽车，是因为他们意识到消费者的需求（图 6-20）。

图 6-20　自动泊车按键

自动泊车能够帮助驾驶员自动停车。不同的自动泊车系统采用不同的方法来检测汽车周围的物体。有些在汽车前后保险杠四周装上了感应器，它们既可以充当发送器，也可以充当接收器。这些感应器会发送信号，当信号遇到车身周边的障碍物时会反射回来。然后，车上的电脑会利用其接收信号所需的时间来确定障碍物的位置。

自动泊车原理是：遍布车辆周围的雷达探头测量自身与周围物体之间的距离和角度，然后通过车载电脑计算出操作流程配合车速调整方向盘的转动，驾驶者只需要控制车速即可。在未来几年，越来越多的高档进口车会将该配置列为标配，甚至出现在国产车上，也不用惊讶，因为这套系统并不复杂（图6-21）。

图 6-21　自动泊车

第六章　电子电器知识

第七章
辅助系统知识

 什么是前碰撞预警告系统？

前碰撞预警告系统（FCWS）是一种高级安全辅助系统，它通过感应和计算在行驶过程中车辆与前车的距离来判断潜在的碰撞风险，并立即发出警示。FCWS在驾驶者分心未能注意到前方状况，或者疲劳犯困，或者使用手机等情况时具有显著的实际效用（图7-1）。

该系统可以在发生碰撞危险前2.7秒发出警报，提醒刹车；同时车尾灯不停闪烁，提醒后面汽车注意，避免追尾。还能在无意识发生车道偏离前0.5秒发出警报，提醒注意保持在原车道上安全行驶。

通过超声波、激光、红外、微波等方式检测数据达到主动避撞，有效防止交通事故的发生。

将该系统安装在车上，通过车载设备上的GPS数据采集模块采集到自车的行驶状态数据；通过车载设备上的无线收发器在通信范围内的所有车辆间建立起临时动态的车载网络，自车通过该网络将所采集的行驶数据发送给其他车辆，并接收来自他车辆的行驶状态数据；结合车载设备内的安全距离模型算法，将两车数据进行计算，从而得到自车与他车的相对位置和危险报警距离，以此判定自车与他车当前是否存在潜在碰撞危险，若存在，则报警装置启动报警，提醒驾驶员采取避撞措施。由于 GPS 数据采集是通过卫星全天候接收数据，所以其受复杂天气等外界干扰较小；车间距离测算是通过无线通信网络将车间交换的数据根据算法得到的，即车辆的视距取决于无线稳定传输的距离，因此，车间检测距离长，同时该方案是对车辆 360 度全方位视角进行检测。

图 7-1　前碰撞预警告系统

 什么是错误行驶警告系统？

错误行驶警告系统可在交通情况或道路走向较为混乱时为驾驶员提供支持，例如驶入高速公路或交通环岛内时。该系统也能够在市内区域识别出单行道。

如果驾驶员无意间走到错误道路上，这使得该驾驶员成为危险的"方向错误驾驶员"，在此错误行驶警告系统借助禁止驶入标志牌识别这种情况，同时发出视觉和声音警告。

视觉警告在组合仪表内或在平视显示屏内实现,同时以符号(禁止驶入标志牌)以及文本(检查行驶方向)的形式显示出来(图 7-2)。

说明文本"检查行驶方向"

图 7-2 警告信息

错误行驶警告系统所需信息(标志牌识别)一方面由 KAFAS 立体摄像机通过交通标志识别提供;另一方面通过导航数据进行校准,会在经过"禁止驶入""交通环岛标志牌"或"规定驶过"等交通标志牌以及标志牌组合时加以考虑(图 7-3)。

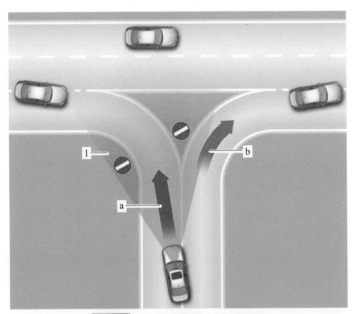

图 7-3 错误行驶警告系统案例

1—KAFAS 立体摄像机探测范围;a—行驶方向;b—存储在导航系统内的高速公路方向

什么是优先行驶警告系统？

在都市环境下，驾驶员必须处理大量信息或情况，因此完全可能导致驾驶员无意间漏过"停车"标志牌或"给予优先行驶"标志牌。

该系统可以在驾驶员可能忽视"优先行驶"的情况下提醒驾驶员。

工作原理：优先行驶警告系统在根据指示牌必须"给予优先行驶"的情况下发出警告。例如出现以下情况时：

❶ 在交叉路口；

❷ 在丁字路口；

❸ 在高速公路入口；

❹ 在交通环岛。

优先行驶警告系统所需信息（标志牌识别）由 KAFAS 立体摄像机通过交通标志识别提供。

首先系统分析交通标志。在此必须根据指示牌明确识别"给予优先行驶"情况。为进行可信度检查，通过导航数据进行校准（图 7-4 和图 7-5）。

此外还考虑主动信号灯装置，因为在信号灯和指示牌同时存在的情况下信号灯优先。

图 7-4　交通标志："给予优先行驶"

图 7-5　交通标志："停止"

优先行驶警告系统在 15～65 千米/小时的车速范围内起作用（图 7-6）。

图 7-6　仪表显示

什么是车道偏离警告系统？

车道偏离警告系统（Lane Departure Warning System，LDWS），是一种汽车驾驶安全辅助系统，是可以减少汽车因车道偏离而发生交通事故的系统。当感测元件侦测到车辆偏离车道时，若驾驶者因精神不济或疏忽而未打开转换车道的方向灯信号，系统会发出警示信号、振动方向盘，甚至是主动施力拉回方向盘以提醒驾驶者返回车道（图 7-7）。

车道偏离警告系统主要由摄像头、控制器以及传感器组成，当车道偏离警告系统开启时，摄像头（一般安置在车身侧面或后视镜位置）会时刻采集行驶车道的标识线，通过图像处理获得汽车在当前车道中的位置参数。当检测到汽车偏离车道时，传感器会及时收集车辆数据和驾驶员的操作状态，之后由控制器发出警告信号，整个过程大约在 0.5 秒内完成，为驾驶者提供更多的反应时间。如果驾驶者打开转向灯，正常进行变线行驶，那么车道偏离警告系统不会做出提示。

图 7-7　车道偏离警告系统

什么是车道变更警告系统？

车道变更警告系统可识别出自身车辆变更车道可能会发生危险的交通情况。例如远处车辆快速从后方驶近本车或车辆位于死角区域时，就会出现这种交通情况（图 7-8）。

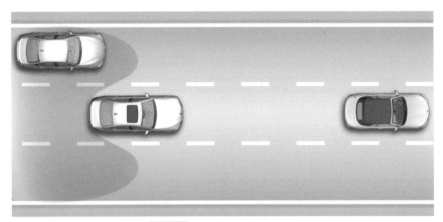

图 7-8　车道变更警告系统

识别出车辆且启用系统时，通过车外后视镜内的相应显示告知驾驶员情况。通过在进行车道变更操作前发出信号可使驾驶员充分做好车道变更准备，从而及时避免危险情况。

在车外后视镜玻璃上进行车道变更警告系统显示如图 7-9 所示。

图 7-9　在车外后视镜玻璃上进行车道变更警告系统显示

 什么是侧面碰撞警告系统？

侧面碰撞警告系统是带主动式侧面碰撞保护功能的车道保持辅助系统的组成部分。带主动式侧面碰撞保护功能的车道保持辅助系统包含在选装配置高级行驶辅助系统（SA 5AT）内，不单独提供侧面碰撞警告系统（图 7-10）。

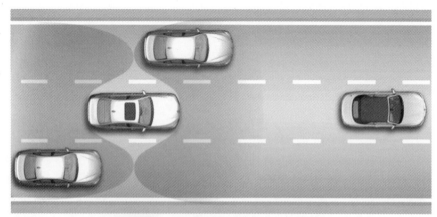

图 7-10　通过雷达传感器进行车辆识别

侧面碰撞警告系统为驾驶员避免发生侧面碰撞提供支持。

四个雷达传感器监控车辆旁边区域,可在任何光线条件下工作,并且最大限度避免天气变化的影响。

出现碰撞危险时,车外后视镜内的相应显示(根据方向,左侧或右侧)以较高强度闪烁且方向盘开始振动(图 7-11)。

图 7-11　车外后视镜内显示较高强度闪烁且方向盘开始振动

 什么是交叉路口警告系统?

在交叉路口与行驶车辆有碰撞危险时,系统以视觉和声音形式警告驾驶员,这样可显著降低交叉路口处的事故概率或事故严重性。

交叉路口警告系统能够提前识别出即将与交叉行驶的车辆发生碰撞并在必要时防止碰撞发生。

KAFAS 立体摄像机以及前部雷达传感器(ACC 雷达传感器)监控交通情况,借此获得的信息是系统运行的基础。传感器探测与其他车辆的距离及其速度和移动方向,同样也分析自身车辆的速度(图 7-12)。

如果通过前瞻性系统识别到危险情况,则通过视觉和声音警告要求驾驶员紧急制动。

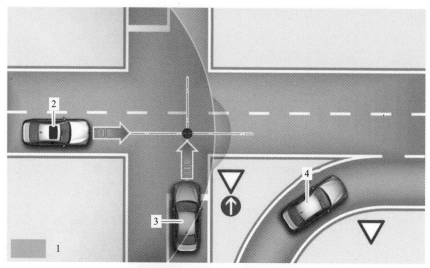

图 7-12　交叉路口警告系统

1—危险区域；2—自身车辆；3—位于危险区域内的车辆；4—危险区域外的车辆

同时使制动系统预先做好准备，在此不通过系统自动进行制动干预，为此多次要求驾驶员迅速采取行动并自己进行制动。紧急制动期间必要时会自动提供制动助力，在此根据需要为实现高效紧急制动控制制动压力。

视觉警告通过以下警告符号实现。

交叉路口警告系统符号（针对从左侧靠近的目标发出警告），如图 7-13 所示。

图 7-13　针对从左侧靠近的目标发出警告

交叉路口警告系统符号（针对从右侧靠近的目标发出警告），如图 7-14 所示。

图 7-14　针对从右侧靠近的目标发出警告

交叉路口警告系统在 15～65 千米/小时的车速范围内起作用（图 7-15）。

图 7-15　仪表显示

什么是交通标志识别？

当前限速和禁止超车信息由交通标志识别功能探测并通过交通标志形式的符号在组合仪表或平视显示屏内显示（图 7-16）。

交通标志识别(示例：显示所识别的限速)

图 7-16　仪表显示

在以下情况，交通标志识别可能会失效。

与法定标准不符的，特别是没有圆框的限速交通标志始终无法识别。由标签、污物或植物完全或部分遮挡的交通标志也是如此。与交通标志距离较远、车速较快和不利的天气影响，特别是夜间行驶时，会使准确识别交通标志的难度增大。为了确保尽可能准确地显示当前限速，导航地图数据应处于目前最新状态。

例如在以下情况下，交通标志识别功能可能会受到限制且可能会出现错误显示：

❶ 大雾、大雨或大雪时；

❷ 物体遮挡了标志牌时；

❸ 过于靠近前方车辆时；

❹ 对面照射光线强烈时；

❺ 车内后视镜前的挡风玻璃起水雾、有污物或被标签等遮挡时；

❻ 摄像机可能错误识别时；

❼ 导航系统内存储的限速错误时；

❽ 在导航系统未考虑到的区域内，例如因交通路线发生变化而与导航系统存在差异时；

❾ 超过带有车速标签的公交车或货车时；

❿ 交通标志与标准不符时；

⓫ 在交付车辆后马上进行的摄像机校准过程中。

 什么是前方道路预测辅助系统？

前方道路预测辅助系统可提示驾驶员松开加速踏板以降低耗油量。

相关路段包括：

❶ 岔路；

❷ 弯道；

❸ 交叉路口；

❹ 交通环岛；

❺ 地区入口；

❻ 限速；

❼ 高速公路出口。

组合仪表或平视显示屏内的显示提示驾驶员注意存在与前方道路预测辅助系统有关的路段并使其能够相应做出反应（图 7-17）。

图 7-17 仪表显示

 什么是注意力辅助系统？

注意力辅助系统有助于避免在长时间乏味的驾驶过程中因疲劳导致交通事故。该系统是已标配安装的主动保护系统的组成部分。

驾驶员驾驶方式改变时会被注意力辅助系统识别出来。驾驶员注意力不集中或疲劳时，注意力辅助系统就会在中央信息显示屏内以检查控制信息形式显示休息建议。

每次启动发动机后达到约 70 千米/小时以上车速时就会自动启用注意力辅助系统。

例如出现以下情况时，功能可能会受到限制且不会发出警告或发出错误警告：

❶ 时间设置错误；

❷ 车速基本上低于约 70 千米/小时；

❸ 采用运动驾驶方式时，例如急加速或快速转弯行驶时；

❹ 在主动行驶情况下，例如频繁变更车道时；

❺ 路面状态较差时；

❻ 侧风较大时。

什么是夜视系统？

夜视系统可在夜间最佳条件下识别出最远约 100 米处的行人和动物，尤其可在光线阴暗和恶劣路段上，例如在与树林毗邻的乡村道路上行驶时为驾驶员提供支持（图 7-18）。

识别出危险情况时，系统会在必要时提醒注意道路上的行人或动物。

系统识别类似于人或动物的温热物体，然后可根据需要在中央信息显示屏上显示出来。

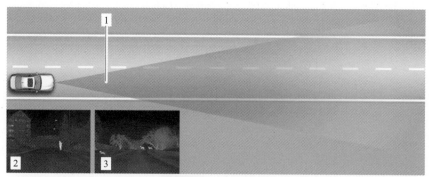

图 7-18 夜视系统

1—夜视系统摄像机识别范围；2—识别出行人时的夜视系统摄像机图像（中央信息显示屏 CID 显示）；3—识别出动物时的夜视系统摄像机图像（中央信息显示屏 CID 显示）

目标识别作用范围如下。

❶ 行人识别：最远约 100m。

❷ 大型动物识别：最远约 150m。

❸ 中型动物识别：最远约 70m。

夜视系统可识别行人并确定其位置和距离。在考虑到车速和转向角的情况下，系统计算出是否存在危险并在组合仪表 KOMBI 和平视显示屏 HUD 内（如果有的话）显示警告标志（预警）。在紧急情况下还会发出声音警告信号（严重警告）。警告限值也取决于行人或动物移动还是静止。

夜视系统的符号及其说明见表 7-1。

表 7-1 夜视系统的符号及其说明

符号	说明
	预警（行人位于车道上）
	预警（行人穿越车道）
	识别出行人时的严重警告
	识别出动物时的预警
	识别出动物时的严重警告

什么是驻车距离监控系统？

驻车距离监控系统（PDC）可在驶入和驶出停车位时为驾驶员提供支持，

在此通过声音信号和视觉显示表示目前至障碍物的距离（图 7-19）。

图 7-19 驻车距离监控系统

通过后部保险杠饰板内的四个超声波传感器和前部保险杠饰板内的另外四个超声波传感器测量与障碍物的距离。

车辆以低于约 5 千米 / 小时的车速接近一个目标且该目标位于有碰撞危险的区域内时，就会自动启用 PDC。

通过分别集成在前部和后部保险杠内侧面的两个超声波传感器测量与障碍物的距离。车辆自身移动会使传感器所识别的障碍物形成沿车辆侧面运动的轨迹，这会在中央信息显示屏（CID）内显示出来，在可能发生碰撞的情况下还会发出一个声音警告（图 7-20）。

图 7-20 驻车距离监控系统工作

系统不考虑接近静止车辆的障碍物，因为在此情况下系统无法进行正确分析，识别前提是车辆自身移动。在中央信息显示屏（CID）内显示的距离标记在停车后显示约 13s，只有车辆移动后才会重新显示距离标记。

什么是交叉行驶警告系统？

交叉行驶警告系统可识别车辆前方或后方（根据车辆配置）从侧面接近的目标。交叉行驶警告系统可在驶出停车位和进入交叉行驶车流时提醒驾驶员注意交叉行驶情况并在必要时发出警告。

工作原理：如果识别出移动目标以当前速度在接下来约 2s 内进入车辆前方或后方区域内，就会发出视觉和声音警告。

此外还通过后部交叉行驶警告系统控制车外后视镜玻璃内的 LED，在此通过车道变更警告系统的信号单元进行显示。根据目标接近车辆的方向控制左侧或右侧车外后视镜内的显示信息。

在约 7 千米 / 小时以下的车速时，交叉行驶警告系统启用。该功能的其他前提条件是侧面雷达传感器可探测道路或正在接近的目标。雷达传感器能够探测距离车辆最远约 80m 内的目标（图 7-21）。

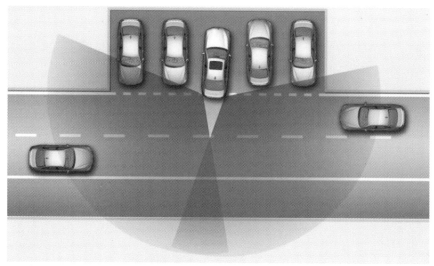

图 7-21　交叉行驶警告系统

后部交叉行驶警告系统可在倒车驶出停车位时为驾驶员提供支持，在不易看清交通情况的条件下提醒与交叉行驶车流发生碰撞的可能性（图 7-22）。

前部交叉行驶警告系统可在从出口处或复杂交叉路口处驶入交叉行驶车流

时为驾驶员提供支持（图7-23）。

图 7-22　后部交叉行驶警告系统

图 7-23　前部交叉行驶警告系统

14　什么是驻车操作辅助系统？

驻车操作辅助系统（PMA）可为驾驶员提供多方面的支持。一方面可以测量停车位大小并根据测量结果确定停车位是否够大；另一方面可以减少驾驶员停车入位的操作（图7-24）。

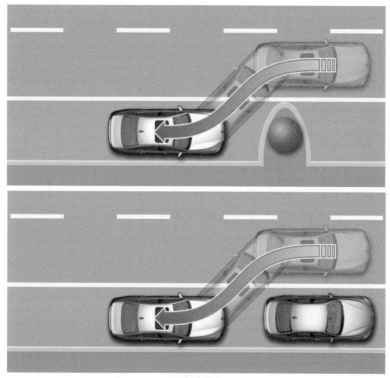

(a) 横向停车

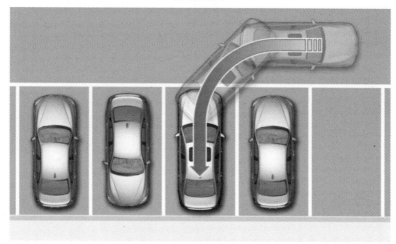

(b) 纵向停车

图 7-24　横向停车和纵向停车

驻车操作辅助系统的工作原理如下。

在以约 35 千米／小时以下的车速驶过时，无论之前是否启用，系统都会测量可能的停车位。

第七章　辅助系统知识　153

通过集成在前部车轮罩内的两个附加超声波传感器测量停车位。为在停车入位过程中准确确定横向停车位，在 G30 后保险杠内装有另外两个超声波传感器。附加 PDC 传感器测量与所识别目标的距离。

四个传感器与驻车操作辅助系统 PMA 控制单元连接，在该控制单元内还执行驻车距离监控系统 PDC 功能。四个超声波传感器的功能与驻车距离监控系统 PDC 相似，即发出超声波脉冲并接收回声脉冲。

只要找到了长度和宽度满足要求的停车位且系统已经启用，就会在中央信息显示屏内为驾驶员显示该车位。

在搜索停车位和停车入位过程中驾驶员可通过集成显示获得有关停车位本身、停车入位辅助状态和相应处理说明直至与其他目标距离的所有信息。

监控车辆周围情况仍像以前一样是驾驶员的责任所在。根据车辆周围情况的需要，驾驶员可随时对自动停车入位操作进行干预（图 7-25）。

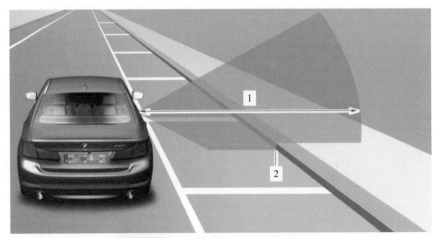

图 7-25　通过超声波传感器探测路沿

1—探测范围约为 4.2 米，超声波传感器的垂直探测角度为 ±30 度；2—探测路沿

15 什么是定速巡航控制系统？

定速巡航控制系统（Cruise Control System）缩写为 CCS，又称为定速巡航行驶装置、速度控制系统、自动驾驶系统等（图 7-26）。按驾驶员要求的速

度合上开关之后，不用踩油门踏板就自动地保持车速，使车辆以固定的速度行驶。采用了这种装置，当在高速公路上长时间行车，驾驶员就不用再去控制油门踏板，减轻了疲劳，同时减少了不必要的车速变化，可以节省燃料。因而，具有广阔的市场前景。

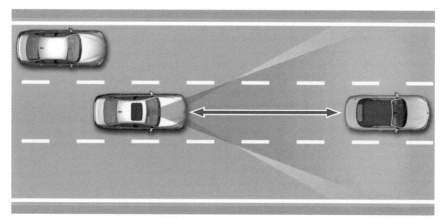

图 7-26　定速巡航控制系统

定速巡航控制系统的工作原理，简单地说就是由巡航控制组件读取车速传感器发来的脉冲信号与设定的速度进行比较，从而发出指令由伺服器机械来调整节气门开度的增大或减小，以使车辆始终保持所设定的速度。电子式多功能定速巡航系统摒除了拉线式定速巡航器的机械控制部分，完全采用精准电子控制，使控制更精确，避免了机械故障的风险。

 什么是转向和车道辅助系统？

行驶期间汽车驾驶员通常希望在单调的情况下减轻负担，例如堵车时或交通缓慢时。除了具有停车和起步功能的主动定速巡航控制系统外，现在还通过转向和车道导向辅助系统为驾驶员提供支持。

转向和车道导向辅助系统包括堵车辅助系统，是选装配置高级行驶辅助系统的组成部分。

系统可根据需要通过校正式转向辅助驾驶员使车辆保持在车道内行驶

第七章　辅助系统知识

（图 7-27）。

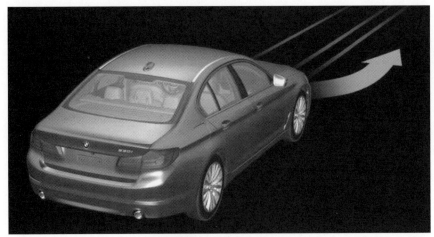

图 7-27 主动转向干预

系统根据车速以车道分界线或前方车辆为导向，通过五个雷达传感器和 KAFAS 立体摄像机确定车道分界线和前方车辆的位置。

堵车辅助系统在不超过约 70 千米/小时的车速范围内可供使用，车道导向辅助系统在 70～210 千米/小时的车速范围内使用。

什么是车道保持辅助系统？

车道保持辅助系统属于智能驾驶辅助系统中的一种，它可以在车道偏离预警系统（LDWS）的基础上对刹车的控制协调装置进行控制。

车辆行驶时，借助一个摄像头识别行驶车道的标识线，为车辆保持在车道上提供支持。

如果车辆接近识别到的标记线并可能脱离行驶车道，那么会通过方向盘的振动，或者是声音来提请驾驶员注意，并轻微转动方向盘修正行驶方向，使车辆处于正确的车道上；若检测到长时间无人主动干预，则发出报警，用来提醒驾驶员（图 7-28）。

图 7-28　车道保持辅助系统

车道保持辅助系统在 70～210 千米/小时的车速范围内，通过校正式转向辅助驾驶员使车辆保持在车道内并主动避免发生侧面碰撞。

通常情况下，系统的作用是根据情况和系统极限首先在自身车道内调整车辆。

该系统由以下 4 个子功能构成：

❶ 侧面碰撞警告系统；

❷ 降低侧面碰撞警告系统；

❸ 车道偏离警告系统；

❹ 车道变更警告系统。

什么是车道变更辅助系统？

车道变更辅助系统可在车道变更时为驾驶员提供支持，例如在多车道道路上超车时。因此该系统为驾驶员提供了更好的舒适性，有助于避免与向相同方向移动的另一辆车碰撞。

驾驶员事先启用该系统且目标车道空旷时，车辆自动执行转向移动并在车道变更结束后重新采用车道中心导向功能。

该系统在 70 ～ 180 千米 / 小时的车速范围内为驾驶员提供支持。车道变更辅助系统的工作原理（图 7-29）如下。

(a) 针对车辆之后的传感器监控范围
1—约70米

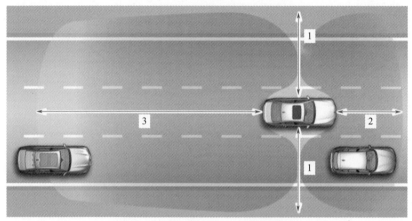

(b) 针对车辆侧面范围内的传感器监控范围
1—约6米；2—约4.5米；3—5～15米(取决于行驶车速)

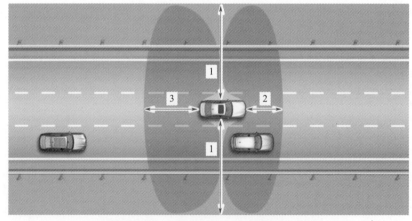

(c) 针对车辆侧面范围内非移动物体(路边种植物)的传感器监控范围
1—约10米；2—约4米；3—约6米

图 7-29　车道变更辅助系统的工作原理

如果转向和车道导向辅助系统启用时驾驶员操作转向信号灯（"转向灯点动"并保持至少约1秒），则启用车道变更辅助系统。由此系统获知驾驶员希望通过系统支持变更到相邻车道上。

首先分析是否可以无危险地进行车道变更以及操作空间是否足够大，然后在此借助侧面雷达传感器以及KAFAS立体摄像机的数据监控周围环境，摄像机数据主要用于识别车道。

雷达传感器不仅负责识别物体，而且能够考虑所识别车辆在环境中的速度。

什么是避让绕行辅助系统？

通常只能通过避让绕行操作避免与另一辆车（例如堵车时最后一辆车）或障碍物碰撞。因为与制动操作时相似，避让绕行操作时驾驶员的反应时间起决定性作用，所以避让绕行辅助系统可以非常显著地防止出现碰撞危险。

避让绕行辅助系统可在必须避让障碍物的危险行驶状况下，通过有针对性的转向干预为驾驶员提供支持。

此外该系统还有助于在避让绕行操作期间或之后使车辆保持稳定。这一点通过动态稳定控制系统（DSC）、电子助力转向系统（EPS）和辅助系统传感器数据分析之间的相互作用实现（图7-30）。

图 7-30　避让绕行辅助系统

如果识别到车辆前方突然出现障碍物且驾驶员必须快速避让该障碍物同时不必"显著"制动，就会进行紧急情况避让绕行。

避让绕行辅助系统可在紧急情况下进行避让绕行操作时为驾驶员提供支持，该系统计算从障碍物旁经过时的最佳"避让绕行轨迹"。

在自身车辆的物理极限范围内计算"避让绕行轨迹"。在此计算出的"避让绕行轨迹"设计用于使横向动力最小化（图7-31）。

图7-31　车辆避让绕行

预计进行避让绕行操作前，会预先做好车辆准备。

在此按特性调整用于稳定车辆的所有功能，以便为驾驶员提供最大支持。因此可以在紧急进行避让绕行操作时，降低车辆状态不稳定或驾驶员负担过重的风险。

避让绕行辅助系统检查当前车辆位置和驾驶员对方向盘的控制，然后将信息与计算出的"避让绕行轨迹"比较。如果系统识别到偏差，则协调进行校正式转向干预，以按照事先估计的"避让绕行轨迹"操控车辆。

设计系统时已注意到不是解决驾驶员的转向要求，而是更改方向盘操作的触觉。避让绕行操作时通过电子助力转向系统（EPS）的附加支持力矩为驾驶员提供支持。

系统在 40～160 千米/小时的车速范围内为驾驶员提供支持。

驾驶员通过快速操作方向盘开始避让绕行操作，同时确定避让绕行方向。必要时会中止或抑制严重警告引起的制动干预。通过电子助力转向系统（EPS）进行支持性转向干预。

系统使车辆"敏捷地"转过障碍物，同时使车辆重新"稳定"在避让绕行通道内。

由于改善了车辆对驾驶员转向命令的反应，因此可以在不危及车辆总体稳定性的情况下快速高效地避让绕行。

第八章 底盘悬架知识

什么是独立悬架?

独立悬架的结构特点是两侧车轮各自单独地通过弹性元件与车架(或车身)相连,并且采用断开式车桥。若一侧车轮相对于车架(或车身)的位置发生变化,另一侧车轮不受影响。这种悬架结构复杂,但车身的平稳性和高速行驶的稳定性较好,因此在轿车和小客车上得到普遍采用。

独立悬架主要由螺旋弹簧、筒式减振器、上下摆臂、转向节等组成(图8-1)。

独立悬架具有以下特点。

❶ 在悬架弹性元件一定的变形允许范围内,两侧车轮可以单独运转而互不影响,可以减少汽车在不平路面上行驶时车架和车身的振动。

❷ 减少了汽车的非簧载重量。在道路条件和车速相同时,非簧载重量越小,则悬架所受冲击载荷也越小。

❸ 采用断开式车桥,降低了汽车重心,提高了汽车的行驶稳定性,并使

车轮上下运动的空间增大，因而可以将悬架刚度设计得较小，使车身振动频率降低，以改善汽车行驶的平顺性和乘坐舒适性。

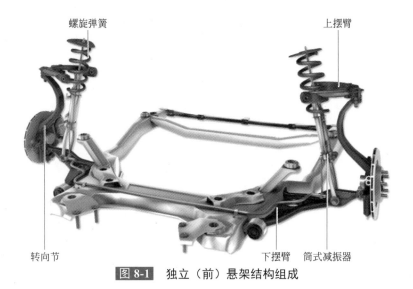

图 8-1　独立（前）悬架结构组成

但是，独立悬架结构复杂，制造成本高，保养维修不便。

麦弗逊式独立悬架突出的优点是增大了两侧前轮内侧的空间，便于发动机和其他一些部件的布置。为了更可靠地传递车轮所受的纵向力，有的悬架中增设了支撑杆，还有的虽不增设支撑杆，但将横摆臂制成叉形，以有效地传递车轮所受的纵向力和侧向力（图 8-2）。

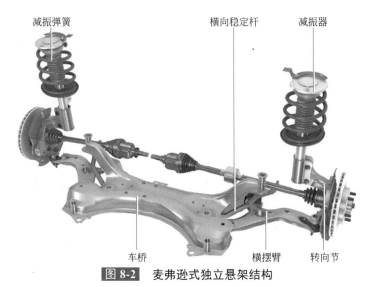

图 8-2　麦弗逊式独立悬架结构

第八章　底盘悬架知识

2 什么是非独立悬架？

轿车后悬架一般采用非独立悬架，但因需受重且承担载荷，故需加装导向装置与减振器。

非独立悬架的结构特点是两侧车轮安装在一根整体式车桥上，车轮连同车桥一起通过弹性元件与车架（或车身）相连。当一侧车轮因路面不平等原因相对于车架（车身）位置发生变化时，另一侧车轮的位置也随之发生变化。但由于非独立悬架结构简单、制造方便，因此在载重汽车上被广泛应用。

（1）钢板弹簧非独立悬架

钢板弹簧在车上通常是纵向布置的，前钢板弹簧中部用2个U形螺栓固定在前桥上。为加速振动的衰减，改善驾驶员的乘坐舒适性，在货车的前悬架中一般都装有减振器，而货车后悬架则不一定装减振器（图8-3）。

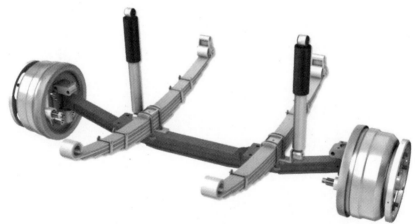

图 8-3 钢板弹簧非独立悬架整体结构

（2）螺旋弹簧非独立悬架

螺旋弹簧非独立悬架一般只用于轿车的后悬架。其纵、横向推力杆是悬架的导向机构，用来承受和传递车轴与车身之间的纵向及横向作用力及其力矩。非独立悬架主要由螺旋弹簧、筒式减振器、横向和纵向摆连接臂及稳定杆等组成（图8-4）。

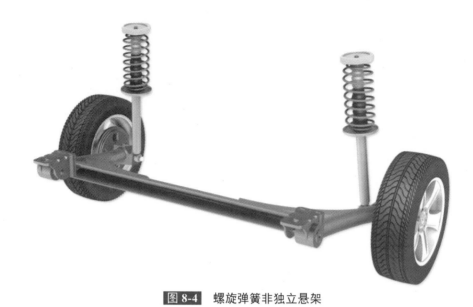

图 8-4　螺旋弹簧非独立悬架

3 稳定杆什么样？

汽车稳定杆是指横向稳定杆，是汽车悬架中的一种辅助弹性元件，作用是防止车身在转弯时发生过大的横向侧倾，目的是防止汽车横向倾翻和改善平顺性。横向稳定杆是用弹簧钢制成的扭杆弹簧，形状呈"U"形，横置在汽车的前端和后端。杆身的中部，用套筒与车架铰接，杆的两端分别固定在左右悬架上。当车身只做垂直运动时，两侧悬架变形相同，横向稳定杆不起作用。当车身侧倾时，两侧悬架跳动不一致，横向稳定杆发生扭转，杆身的弹力成为继续侧倾的阻力，起到横向稳定的作用（图 8-5）。

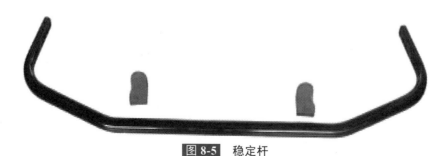

图 8-5　稳定杆

第八章　底盘悬架知识

减振器的功效及原理是怎样的？

车辆在行驶的过程中，减振弹簧主要用于吸收因路面不平而产生的颠簸和震动。但是，弹簧作为弹性元件，其在吸收和过滤路面颠簸震动的同时，自身还会产生往复弹跳运动。而减振器的主要作用，就是为了抑制减振弹簧在吸收路面所带来的各种冲击之后产生的反复弹跳，以加速弹簧固有振动的衰减，为车辆提供更佳的驾驶平顺性（图8-6）。

图8-6　前减振器

减振器太软会引起车身的上下跳动，太硬则会加速减振弹簧的损坏，同时路面直接的冲击会增加车内人员的不适感。

液压减振器主要由上支座、活塞杆、液压油、活塞、储油缸体、压力筒、底部阀、下支座以及通流阀组成。上支座与活塞、活塞杆一体，连接至车身；下支座与压力筒一体，连接至车架摆臂（图8-7）。

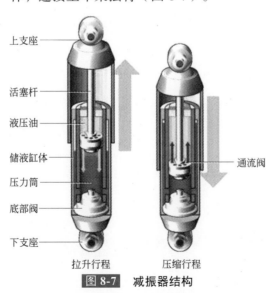

图8-7　减振器结构

当车辆因震动而出现相对运动的时候，减振器内部的活塞便会上下移动，而其油腔内部的液压油便会从活塞上面的通流阀反复地从一个腔流入另一个腔。随着通流阀孔壁与油液间的摩擦，以及油液分子之间的内摩擦对产生的震动形成阻尼力，将震动能量转化为热能并散发到大气当中。

什么是可调式悬架？

悬架高低调节指车辆根据时速和相关传感器，对车身的离地间隙进行调节，有些车辆在中控台上会有相关控制按钮，可以由驾驶者根据路况进行主动操作，有些车辆则是根据行驶路况自行降低或升高悬架。

常见的具备悬架软硬调节的车辆一般分为两种：一种是由驾驶者通过按钮主动控制来调节车辆悬架软硬（图8-8）；另一种则是车辆根据行驶速度或车辆相关传感器数据来自行调节悬架软硬，并不能由驾驶者调节。

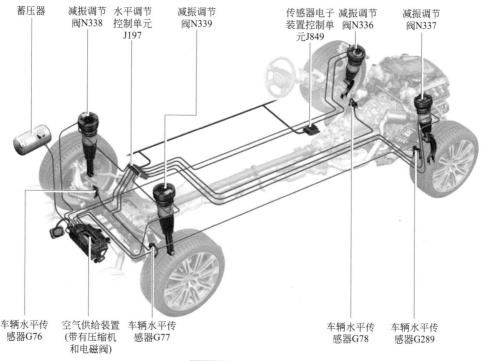

图8-8 可调悬架

它不同于传统的悬架，可变悬架能通过驾驶者手动或车辆自行改变悬架的高低、软硬度，以应对各种路况，让车辆随时保持最佳的状态。但由于高昂的造价，仅能在一些高端汽车上看见它的身影。

什么是多连杆悬架？

多连杆悬架，顾名思义就是通过各种连杆配置把车轮与车身相连的一套悬架机构。而连杆数量在3根以上才称为多连杆，主流的连杆数量为5连杆。因此其结构要比双叉臂悬架和麦弗逊悬架的结构复杂很多（图8-9）。

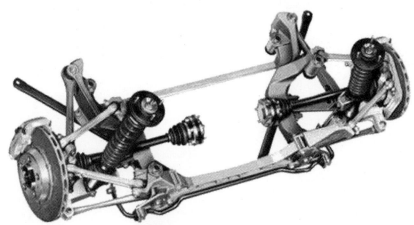

图 8-9　多连杆悬架（一）

首先多连杆悬架能实现双叉臂悬架的所有功能，然后在双叉臂悬架的基础上通过连杆连接轴的约束作用使得轮胎在上下运动时前束角也能相应改变，即其弯道适应性更好。如果用于前驱车的前悬架，则可以在一定程度上缓解转向不足的缺点，给人带来精确转向的感觉；如果用在后悬架上，则能在转向侧倾的作用下改变后轮的前束角。这就意味着后轮可以在一定程度上随前轮一同转向，以达到舒适、操控两不误的目的。

多连杆悬架能实现主销后倾角的最佳位置，大幅度减小来自路面的前后方向力，从而改善加速与制动时的平顺性和舒适性，同时也保证了直线行驶的稳定性，因为由螺旋弹簧拉伸或压缩导致的车轮横向偏移量很小，故不易造成非直线行驶。在车辆转弯或制动时，多连杆悬架结构可使后轮形成正前束，提高了车辆的控制性能，减少了转向不足的情况。

多连杆悬架在收缩时能自动调整外倾角、前束角以及使后轮获得一定的转向角度。通过对连接运动点的约束角度设计使得悬架在压缩时能主动调整车轮定位，能完全针对车型做匹配和调校，以最大限度地发挥轮胎抓地力，从而提高整车的操控极限（图 8-10）。

图 8-10　多连杆悬架（二）

ESP 有什么用？

ESP 的全称是车身电子稳定系统，由防抱死系统和牵引力控制系统合体进化而来，主要由方向盘和车轮等部位的传感器、电子控制单元、发动机管理系统以及最重要的液压调节器组成，通过修正车辆行驶方向和车轮制动来保证车辆正常行驶（图 8-11）。

在一定的路面条件和车辆负载条件下，车轮能够提供的最大附着力为定值，即在极限情况下，车轮受到的纵向力（沿车轮滚动方向）与侧向力（垂直车轮滚动方向）为此消彼长关系。电子稳定程序可分别控制各轮纵向的制动力，从而对侧向力施加影响，以提高车辆的操控性能。

当纵向力达到极值时（比如车轮抱死），侧向力即为0，车辆的横向运动将不受控制，即发生侧滑，此时可能无法按驾驶员的意愿进行变道或者转弯。电子稳定程序可以检测并预防车辆侧滑，当电子稳定程序检测到车辆将要失控时，它会向特定的车轮施加制动力从而帮助车辆按照驾驶员期望的方向前进。

在转弯时，一种可行的控制策略为：当车辆有转向不足的倾向时，系统可以向转弯内侧的后轮施加制动力，由于此轮纵向力的增加，所能提供的侧向力减小，随之对车身产生帮助转向的力矩；当有转向过度的倾向时，系统可以向转弯外侧的前轮施加制动力，由于此轮纵向力的增加，所能提供的侧向力减小，随之对车身产生抵抗转向的力矩，从而保证了行驶的稳定。部分电子稳定程序系统还会在车辆失控时降低发动机的动力。

图 8-11　ESP 车辆工作

第九章
新能源汽车知识

 什么是混合动力汽车？

混合动力汽车即燃料（汽油或柴油）和电能的混合，是以电动马达作为发动机的辅助动力驱动的汽车，属于一种优势互补的技术，也可以归结为集成创新。就主流的混合动力技术而言，动力源主要是发动机，然后配备了第二个动力源电池，这两者结合起来进行节能，辅助发动机的电动马达可以在正常行驶中产生强大而平稳的动力。在起步、加速时，又由于有电动马达的辅助，所以可以降低油耗。简单地说，就是与同样大小的汽车相比，燃油费用更低。因此，车主可以享受更强劲的起步和加速，同时还能实现较高水平的燃油经济性（图9-1）。

以串联混合动力电动汽车为例，介绍一下混合动力电动汽车的工作原理。

❶ 在车辆行驶之初，蓄电池处于电量饱满状态，其能量输出可以满足车辆要求，辅助动力系统不需要工作；电池电量低于60%时，辅助动力系统

启动。

❷ 当车辆能量需求较大时,辅助动力系统与蓄电池组同时为驱动系统提供能量;当车辆能量需求较小时,辅助动力系统为驱动系统提供能量的同时,还给蓄电池组进行充电。

图 9-1 混合动力汽车

由于蓄电池组的存在,使发动机工作在一个相对稳定的工况,使其排放得到改善。

不是所有的混合动力车辆都要依靠电动发动机、电池和电线,有些车辆是靠液压发动机、铃线和蓄能器的联合作用来驱动的。

混合动力汽车的燃油经济性能高,而且行驶性能优越(图 9-2)。

图 9-2 混合动力汽车

混合动力汽车的优点如下。

❶ 和汽油车一样到加油站加油，不用改变汽车的使用习惯；政府和企业推广这种产品也无须投资新建充电装置或加气站。

❷ 燃油经济性能高，而且行驶性能优越，油电混合动力汽车的发动机要使用燃油，而且在起步、加速时，由于有电动马达的辅助，所以可以降低油耗，可关停内燃机，由电池单独驱动，实现"零"排放。

❸ 动力性优于同排量的单纯内燃机汽车，特别是在起步加速时，电动机可以有效地弥补内燃机低转速扭矩力不足的弱点

❹ 减少车内的机械噪声、低速或怠速时采用电动机工作。

什么是氢动力汽车？

氢动力汽车分为两种：氢内燃汽车（HICEV）是以内燃机燃烧氢气（通常透过分解甲烷或电解水取得）及空气中的氧产生动力来推动的汽车；而氢燃料电池汽车（FCEV）是使氢或含氢物质及空气中的氧通过燃料电池产生电力，再以电力推动电动机，由电动机驱动车辆。是把氢的化学能转换为机械能。

使用氢为能源的最大好处是它能与空气中的氧反应，产生水蒸气排出，有效减少了燃油汽车造成的空气污染问题。

HICEV 一般以内燃机为基础改良而成，要实现并不困难，困难之处在于如何降低成本，以及安全地解决氢气供应、储存的问题后才可以推向市场。

轿车、公交车、潜水艇和火箭已经采用不同的形式使用氢（图9-3）。

图 9-3　氢动力汽车

什么是纯电动汽车？

纯电动汽车是指以车载电源为动力，用电机驱动车轮行驶，符合道路交通、安全法规各项要求的车辆。由于对环境影响相对传统汽车较小，其前景被广泛看好，但当前技术尚不成熟。

纯电动汽车（Battery Electric Vehicle，BEV）是完全由可充电电池（如铅酸电池、镍镉电池、镍氢电池或锂离子电池）提供动力源的汽车。各种类别的蓄电池，普遍存在价格高、寿命短、外形尺寸和重量大、充电时间长等严重缺点。

纯电动汽车的组成包括：电力驱动及控制系统、驱动力传动等机械系统、完成既定任务的工作装置等。电力驱动及控制系统是电动汽车的核心，也是区别于内燃机汽车的最大不同点。电力驱动及控制系统由驱动电动机、电源和电动机的调速控制装置等组成。纯电动汽车的其他装置基本与内燃机汽车相同（图9-4）。

图9-4　纯电动汽车

 高压电池怎么散热？

高压电池散热有主动和被动两种方式，两者之间在效率上有很大的差别。

被动系统所要求的成本比较低，采取的措施也较简单。主动系统结构相对复杂一些，且需要更大的附加功率，但它的热管理更加有效。

采用导热硅胶片作为传热介质的主要优点有：具有超高的导热、绝缘性能及良好的填缝能力，10年以上的使用寿命，贴合于电芯与电芯之间；电池模组与电池模组之间，电池模组与外壳之间，施工简单方便，可以起到导热、绝缘、减振的功效，快速将热量有效传导出去，是目前动力电池散热的主流方式（图9-5）。

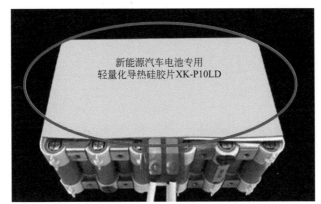

图9-5 采用导热硅胶片散热

采用气体（空气）作为传热介质的主要优点有：结构简单，重量轻，有害气体产生时能有效通风，成本较低。不足之处在于：与电池壁面之间换热系数低，冷却速率慢，效率低。目前此种方式应用较多（图9-6）。

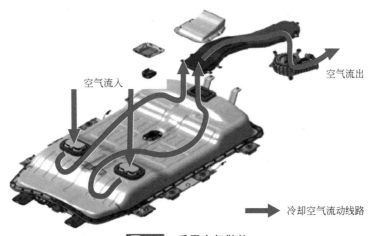

图9-6 采用空气散热

采用液体作为传热介质的主要优点有：与电池壁面之间换热系数高，冷却速率快。不足之处在于：密封性要求高，重量相对较大，维修和保养复杂，需要水套、换热器等部件，结构相对复杂（图9-7）。

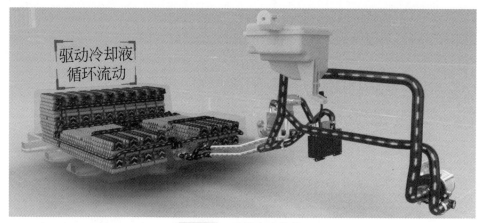

图 9-7　采用水冷散热

例如在实际的电动公交车应用中，由于电池组容量大、体积大，相对来讲功率密度比较低，因此多采用风冷方案。而对于普通乘用车的电池组，其功率密度则要高得多。相应地，它对散热的要求也会更高，所以水冷的方案也更加普遍。

不同的电池包结构传感器会根据测温点和需求来定。温度传感器会被放置在最具代表性、温度变化幅度最大的位置，例如空气的进出口位置以及电池包的中间区域。特别是最高温和最低温处，以及电池包中心热量累积较严重的区域。这样有助于将电池的温度控制在一个相对安全的环境，避免过热和过冷对电池造成危险。

什么是能量回收？

制动能量回收系统包括与车型相适配的发电机、蓄电池以及可以监视电池电量的智能电池管理系统。制动能量回收系统回收车辆在制动或惯性滑行中释放出的多余能量，并通过发电机将其转化为电能，再储存在蓄电池中，用于之后的加速行驶。这个蓄电池还可为车内耗电设备供电，降低对发动机的依赖、燃耗及二氧化碳排放。常见于混动车型、新能源车型中（图9-8）。

图 9-8　能量回收

制动能量回收是现代电动汽车与混合动力汽车重要的技术之一，也是它们的重要特点。在一般内燃机汽车上，当车辆减速、制动时，车辆的运动能量通过制动系统而转变为热能，并向大气中释放。而在电动汽车与混合动力汽车上，这种被浪费掉的运动能量可通过制动能量回收技术转变为电能并储存于蓄电池中，并进一步转化为驱动能量。例如，当车辆起步或加速时，需要增大驱动力时，电机驱动力成为发动机的辅助动力，使电能获得有效应用（图9-9）。

图 9-9　能量回收显示

第九章　新能源汽车知识

快充和慢充有什么区别？

快充是直流充电桩充电接口，把电网的交流电转化成直流电，输送到电动汽车的快充口，电能直接进入电池充电（图9-10）。

(a) 快充接口

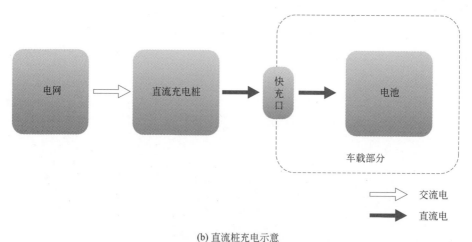

(b) 直流桩充电示意

图 9-10　快充电流流向

慢充是交流充电桩充电接口，把电网的交流电输入电动汽车的慢充口，经过汽车内部的充电机把交流电转成直流电，再输入电池，完成充电（图9-11）。

(a) 慢充接口

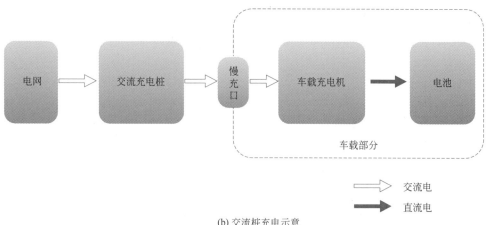

(b) 交流桩充电示意

图 9-11　慢充电流流向

 续航里程为什么越来越短?

　　车辆外部行驶条件、滚动阻力系数、空气阻力系数、机械传动效率和整车重量等因素都是影响电动汽车续航里程的因素,这些因素与传统汽车相同。与传统汽车不同的因素还有:动力电池性能、辅助系统的能量消耗、制动能量回馈系统、环境温度以及电池损耗等。

第九章　新能源汽车知识

（1）动力电池性能

动力电池性能是指额定容量、能量密度等。不同的电池性能不同，导致续航里程也不一样。如采用锂离子电池，电池重量可以减少 2/3，续航里程可增加 15% 以上，也就是说越多的电池，越高的电池能量密度，续航里程越长，可成本也就会越高（图 9-12）。

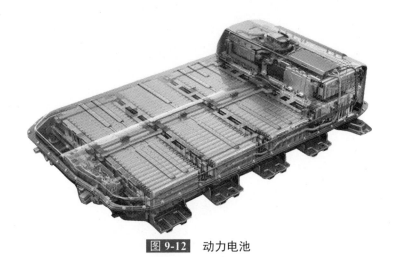

图 9-12　动力电池

（2）辅助系统的能量消耗

像电机、照明、冷暖空调等都是需要耗能的，其中空调的功耗尤为多，实验表明空调的全程开启会使续航里程大约下降 1/4。因此在选择这些部件的时候应尽量选择耗能少的，这样有利于增加电动汽车的续航里程。就电机来说，单电机功率小，速度慢，但续航里程长；双电机功率大，速度快，可续航里程短。

（3）制动能量回馈系统

就是说电动汽车将制动时的能量转化为电能储存到蓄电池内，减少能量损失。可回收 15%～20% 的能量，如果没有制动能量回收系统，续航里程会下降。

（4）环境温度

不同温度，电池组放出的能量不同，续航里程也就不同。比如锂离子电池，在冬季的时候可放出的能量为夏季的 2/3，并且温度对车辆各部分的工作效率都是有影响的。

(5) 电池损耗

如果做好对电池的养护,续航在五年内仅下降20%。

纯电动汽车作为汽车行业的新秀,涉及一些新领域,面临着诸多难题,还无法普及。大家应科学使用纯电动汽车,使汽车生产商有规范的限制,更加节能与环保,加速纯电动汽车时代的到来。

混合动力汽车怎么充电?

混合动力汽车常见的分为插电式和不插电式。

插电式混合动力汽车是新型的混合动力电动汽车。区别于传统汽油动力与电驱动结合的混合动力,插电式混合动力驱动原理、驱动单元与电动车相同,唯一不同的是车上装备有一台发动机。插电式的需要充电,但不是经常充电。如果市区行车较多可以完全纯电动模式行驶,这样一来更省更环保。

不插电式混合动力汽车,混合动力系统在车辆不需要发动机提供很高动力的时候,发动机的一部分动力会被用来发电并存储到电池当中。而且车辆减速及制动过程中减少的动能也会被系统转换成为电能储存到电池,也就是所谓的"再生制动"。这就是油电混合双擎动力技术中"电"的来源。存储在电池中的电能,在车辆行驶过程中作为驱动力得到充分利用,即降低油耗,有提升动力。

可以说,"电"在油电混合双擎动力系统内实现了循环,从而使混合动力汽车在不充电的情况下,有"电"可用。

新能源汽车电池辐射大吗?

根据能量的高低、电离物质的能力,将辐射分为电离辐射和非电离辐射。动力电池的辐射和手机一样,同属非电离辐射,其电磁波波长较长,并且能量低,不能引起物质的电离(图9-13)。

图 9-13　辐射标志

联合国国际卫生组织（WHO）认为，电场辐射安全标准为 5000 伏/米，磁场辐射安全标准为 100 微特。只要在 100 微特以下的电磁辐射，都不会对人体造成危害。

据检测表明，比亚迪 e6 启动瞬间的电磁辐射为 0.19 微特，中控台液晶屏为 0.11 微特，主驾膝部为 0 微特，行驶中脚下踏板处为 1.05 微特，副驾脚下为 18.7 微特，后排座位左右两侧分别为 0.18 微特和 0.47 微特，算术平均法所得值为 2.95 微特。

像生活中常用的笔记本电脑的电磁辐射为 10.69 微特，用手机看视频时的辐射为 18.37 微特，显像管电视机为 2 微特，液晶电视机为 0 微特，电吹风机后部为 9.32 微特，接线板插座为 2.97 微特，西门子电冰箱为 0 微特，电饭煲为 0 微特，微波炉面板为 19.78 微特。不过，这些家电的辐射值，也都在安全范围之内，并不会对人体产生任何危害。

所以，电动汽车虽然会产生辐射，但其辐射值非常小，根本不会给人带来任何不良影响，消费者完全可以放心使用电动汽车。

事实上，电磁辐射是可以用金属隔离的，像钢板、铝板、铁丝网等，都能有效地把辐射"囚禁"在一定的范围内，使其无法"逃逸"出来。电动汽车工作时的辐射值之所以能处于安全范围内，是因为防护措施做得好。电动汽车高压线与人体之间由一层厚厚的钢板隔开，动力电池和电机外面也有厚厚的金属板密封，因而其辐射值传出来的就很有限。

直流电怎么变成交流电？

新能源汽车驱动电机通常使用的是三相交流电机，而新能源汽车的动力电池是直流高压电池，逆变器的作用是把动力电池直流高压电转换成驱动电机所需要的交流电驱动车辆行驶，是将直流电变成交流电的电子转换装置，它的主要组成部件是 IGBT 模块，通过控制电路控制 IGBT 管的导通、断开来控制流入三相电机的电流方向。